おおらかな論語

最高の書に学ぶ55の教え

松崎 昇

はじめに

あれは小学六年生のときのことです。おじいさんの家に遊びに行ってふと気付くと、ポケットに入れていたはずのお金が無くなっていました。私が思わず「しまった。お金を落とした！」と言うと、おじいさんは、こう言いました。「おまえ良いことしたなぁ～、そら拾《ひろ》った人は喜んどるぞ～」と。一瞬、私はあっけにとられ、鳩《はと》が豆鉄砲《まめでっぽう》をくらった状態になりました。豆鉄砲は、そもそも玉《たま》が豆ですから撃たれてもそんなに痛くありませんが、パーンと大きな音がしますので、鳩はほんとうに撃たれたようにきょとんとしてしまいます……実際にそうなるかは分かりませんが（笑）。

でも、まさに私はそんな状態でした。お金を落として悔しい思いをしましたが、拾った人は喜んでいるはずだ……となると、私は悲しむべきなのか、喜ぶべきなのか……わからなくなってしまったのです。この面白い体験から、私は〝悪いことの半面には良いことがある〟と、前向きな考えを持つようになり、これは大人になって失敗したときに大いに役立ちました。取りようによっては少々能天気ですが（笑）。

この話は、本書の里仁《りじん》編第十六章（P40）に出てくる、おじいさんという人生の大先輩が、私に大きな考え方として諭《さと》してくれた話です。あれから五十年あまり経ちましたが、人生とは実に色々な問題にぶつかるものです。少々のお金を落としたくらいならいいのですが、中には、ちょっとした失言で周りの人と気まずくなったり、仕事の難しい場面で苦しい境地に立たされたり、人生の分かれ道できびしい選択をせまられたり、また、思わぬ惨事に遭遇したりすることもありました。しかしそんなとき、力になってくれたのが「論語《ろんご》」です。

何千年も前の中国の大地に生きた先人たちは、現代人と同じように人生の様々な問題に悩み苦しみ、どうしたら正しく幸せに生きられるか考えに考え抜き、導き出した教訓を後人に申し送りました。孔子《こうし》という人はそれをしっかり学び、三千人とも言われる門人たちに語り伝え、そうやって「論語」は出来あがりました。以来「論語」は今日まで、人間関係に悩んだり生き方に迷ったりする人々にとって、実践に役立つ「人生の指南書」として、二千五百年の永きにわたって読み継がれて来たのです。

そんな古い書物がほんとうに現代に役立つのか、と思われるかも知れません。しかし、次の大きな二つの理由によって、「論語」は現代にも通じると私は考えています。

第一に、人間そのものが何万年も前から変わっていないということが挙げられます。当時の人々も、現代人と同じような「感性」で、同じように行動していたということです。これは実際に「論語」を読んでみると、孔子と門人との奥深いやりとりなどから実感させられます。

第二に、「論語」の中には、特定の神が出てきたり、儀式や戒律《かいりつ》が記されていたり、超常的な話があったりしません。常に現実に即し、日常の生活や仕事に役立つ「実践性」をもち、ズバッズバッと切り込むその鋭さは、とても新鮮です。

本書は、この「論語」を、私がサラリーマン時代に体験したり学んだりしたことや、今の世の中の出来事などと照らし合わせ、市民感覚で解説したものです。タイトルを「おおらかな論語」としたのは、「論語」を読めば読むほど悩みがうすれて、心が、まさに見上げた青空のようにおおらかな気分になっていった……という私の体験からです。

どこまで「論語」の深意をお伝えできるか分かりませんが、現代においても悩ましい人間関係を解決する、また、人としての生き方を考えるうえで、少しでもお役に立てれば幸いです。

二〇二一年　四月

目次＊おおらかな論語 ――最高の書に学ぶ55の教え

学而編《がくじ》 第一章

人生の目的は人格を高めることにあり

1

子曰《しいわ》く、
学《まな》びて時《とき》に之《これ》を習《なら》う。亦《また》、説《よろこ》ばしからずや。
朋《とも》、遠方《えんぽう》自《よ》り来《き》たる有《あ》り。亦《また》、楽《たの》しからずや。
人《ひと》、知《し》らずして慍《いきどお》らず。亦《また》、君子《くんし》ならずや。

孔子が言った。

学んだことを忘れないようういく度も復習する。理解が深まりなんと喜ばしいことか。

心を通じた友人が遠くから訪ねて来る。なんと楽しいことか。

自分の名が人に知られずとも不満に思わない。なんと君子（学業と徳業をおさめたりっぱな人）なことか。

＊＊

第一章は私が〝大喝《だいかつ》〟を入れられた章です。当時（五十歳の若い頃?・）、私の心には人生いかに生きるべきか。地位のためか、お金のためか、人に知られるためか……そんな迷いの雲が立ち込めていました。

ちょうどその頃、偶然《ぐうぜん》にも、尊敬してやまない歌人で、論語にも精通《せいつう》された故安永蕗子《やすながふきこ》（元宮中歌会始《きゅうちゅううたかいはじめ》選者・熊本市名誉市民）先生による論語の講義を、一年間にわたり聞く機会を得ました。そして、その初日が私にとって忘れられない一日となります。先生は次のように言われました。

「学びて時にこれを習う。また説ばしからずや。朋、遠方より来たるあり。また楽しからずや」、ここまでは皆さんご承知のとおりです。問題は最後の言葉「人《ひと》、知《し》らずして慍《いきどお》らず。亦《また》、君子《くんし》ならずや」です。君子は自分の名が世に知られないからと言って、不満に思ったりしません。皆さん、人間にとって本当に大切なこと、それは、何になるかではなくどう生きるかです。人に知られようとする前に、自分の人格を高めることを人生の目的としてください。

この言葉が私の頭のてっぺんからつま先まで稲妻《いなずま》のように貫《つらぬ》きました。そうだ！人生で本当に大事なこと、それは、

「何になるかではなくどう生きるか」

にある。これからは先生の言葉を信じ、論語などの良書に親しみ、

「自分の人格を高めることを人生の目的としよう」

そう思った瞬間、それまでのモヤモヤとした迷いが一気に吹き飛び、肩の荷がスーッと下り、私の進むべき方向が決まりました。

論語を読みすすめると、広い知識だけでなく、人間的な温かさや正義感をもっ

た人格者が、時の組織や社会に疎《うと》まれて受け入れられず、苦悩に苦悩を重ね、遂には、人の真価は「名声を高める」のではなく「人格を高める」ことにある、との思いに行き着いたことを実感させられます。

論語は二千五百年も前に書かれた古い書物です。しかしながら、人間の脳の構造が現代人も当時の人も、ほとんど変わらないとされますので、いつの時代にあっても悩みを解決する「人生の指南書《しなんしょ》」として新鮮に心に響き、東洋人に読み継がれて来たのだと思われます。

第一章からして私が大喝を入れられたように、いずれの章にも、忘れかけた、人としての爽やかな生き方や、悩ましい人間関係の正しい処し方がズバッズバッと書かれています。

論語に親しめば、見上げた青空のように心が〝おおらか〟に澄みわたるのではないでしょうか。迷いの雲が晴れて！

学而編《がくじ》　第二章

人間関係の始まりは年長者を敬うことから

2

有子曰《ゆうしいわ》く、其《そ》の人《ひと》と為《な》りや孝弟《こうてい》にして上《かみ》を犯《おか》すことを好《この》む者《もの》は鮮《すく》なし。上《かみ》を犯《おか》すことを好《この》まずして、乱《らん》を作《な》すことを好《この》む者《もの》は未《いま》だ之有《これあ》らざるなり。君《くん》子《し》は本《もと》を務《つと》む。本立《もとた》ちて道生《みちしょう》ず。孝弟《こうてい》は其《そ》れ仁《じん》を為《な》すの本《もと》か。

有子（門人）が言った。孝弟を重んじる人で、年長者に恥をかかせることを好む人は少ない。年長者に恥をかかせることを好まないで、人間関係を乱すことを好む人はこれまで存在しない。君子は根本を大切にする。根本の柱が立てば自然と道が出来る。孝弟こそが仁（おおらかな心）の根本をなすものであろう。

＊＊

本章は、「孝弟《こうてい》」の大切さを語ったところです。孝弟とは「孝」が父母への孝行で、「弟」が兄姉に従順《じゅうじゅん》なことを意味し、これが人間関係の原点となるようです。

新一万円札の肖像画《しょうぞうが》となり、令和三年のＮＨＫ大河ドラマの主人公ともなっている、明治の大実業家・渋沢栄一《しぶさわえいいち》が語った最も親孝行《おやこうこう》な話を紹介します。

宮崎県に一人の孝行息子が母親と住んでいました。ある時、母親が「私もだいぶ年を取ったので、最後にどうしても長野県の善光寺《ぜんこうじ》にお参りしなければ気がすまない」と言いました。これを聞いた孝行息子はどうしたか。長野県は宮崎県からは遠い遠いところです。でも、なんのその、息子は母をお参りに連れて行った。なんと……背負って！という唖然《あぜん》となる話です。今なら飛行機でピューンという感じですが、ひと昔前までは、親という存在はそれほどまでに大事にされていたようです。「論語」の別章には、

「親を養うだけなら犬や馬も同じだ。そこには敬う気持ちが必要だ」

とあり、また、儒教《じゅきょう》（孔子を始祖《しそ》とする思想）の書「孝経《こうきょう》（孔子の高弟、曽子《そうし》の著とされる）」には、

「親を愛する者は敢《あ》えて人を悪《にく》まず。親を敬う者は敢えて人を侮《あなど》らない」

ともあります。確かに親を敬愛するような情の深い人が、他人を見下すようなことはあまりなさそうで、以前は「論語」や「孝経」が大事な教書とされたのも理解できます。

年長者を敬うことは、儒教では「長幼《ちょうよう》の序《じょ》」といわれる大事な教えで、まさに人間関係の序章（始まり）だとされます。この大事な教えを論語の第二章に早々に登場させ、まずは一番身近な親や兄姉との関係に求めたのには、深く感心させられます。

現代は、このような教えを聞くことがないためか、子どもが親に暴力をふるう

家庭内暴力《かていないぼうりょく》もおきています。親が道を間違えることはそれほどないと思われますが、明らかに間違っているとき、子どもは暴挙に走ることなく毅然《きぜん》と対処すべきであることは、言うまでもないことです。

しかし一方では、逆に親が子どもを虐待《ぎゃくたい》する痛ましい事件も年々増加しています。「長幼の序」の教えには、年少者が年長者を敬うと同時に、年長者が年少者をかわいがるという意味もあり、やはり、親や兄姉も、子や弟妹をかわいがり、家族が和《なご》やかなことが、人間関係の原点だと思われます。

されば、和やかで楽しい我家を築けずして、外の人間関係をうまく築けそうになく、今夜は久しぶりに、オフクロの肩をたたこうかと思います。

為政編《いせいへん》　第十三章

誠《まこと》の旗印を高らかに掲《かか》げる

3

子貢《しこう》、君子《くんし》を問《と》う。子曰《しいわ》く、先《ま》ず其《そ》の言《げん》を行《おこな》いて、而《しか》る後《のち》に之《これ》に従《したが》う。

子貢（門人）が君子について尋ねた。孔子が言った。君子は心に思ったことを言う前に行動に移し、その上で、言うべきときは言う。

＊＊

本章は、門人の中でも高弟とされた子貢が、君子たるものについて尋ねたところです。孔子はこれに、平たく言えば「不言実行《ふげんじっこう》」を心掛けるのが君子だと答えます。論語には言葉を慎《つつし》む話は多く出てきて、顔淵《がんえん》編には、

「駟《し》も舌《した》に及《およ》ばず」

（言ってしまったことは、四頭立ての馬車で追いかけても追いつけない）

という有名な言葉があります。「駟」という字が、馬偏《へん》に数字の四と書いて、四頭立ての猛スピードで走る馬車を表す、面白い譬《たと》えになっていますが、それほどまでに、君子は言葉に慎重《しんちょう》だったようです。

また、興味深いのは後段に「行動に移した後も言うべきであれば言うが、その必要がなければ言わない」とあるところです。自分がやったことを他人に誇るのは浅ましい、と言っているようで、君子とはかなりの人格者だと思われます。

似たような言葉に「有言実行《ゆうげんじっこう》」とあり、私にはこの言葉で忘れられない思い出があります。それは、国際連盟事務次長を務めた新渡戸稲造《にとべいなぞう》が英語で著した『武士道《ぶしどう》』を、翻訳された作家の岬龍一郎《みさきりゅういちろう》先生を東京に訪ね、仲間で話をうかがったときのことです。先生の話は、

「武士の美学は切り詰めれば『誠』の一文字に帰す。それは何故かというと誠

の字は『言ったことは成す』と書くからだ」

というものでした。「誠」は、子思《しし》（孔子の孫）の書「中庸《ちゅうよう》」に多く出て来る、人間が〝いつわりなく真実に生きる〟上での大切な精神で、その極みは「至誠《しせい》」とされます。岬先生はそういったことも交えてお話をされ、「誠」とはなんと武士らしい言葉かと深く印象に残りました。

されば、日本の武士にも君子の香りがし、このような気高《けだか》さをもった人たちを私たち日本人は祖先に持っています。幕末《ばくまつ》を駆け抜けた新選組《しんせんぐみ》ではありませんが、有言であれ不言であれ、実行重視で参りたいものです。

「誠」の旗印を高らかに掲げ！

為政《いせい》編　第十五章

自分の体験だけに頼れば危険な人に

4

子曰《しいわ》く、学《まな》びて思《おも》わざれば則《すなわ》ち罔《くら》し。思《おも》いて学《まな》ばざれば則《すなわ》ち殆《あやう》し。

孔子が言った。書物や先輩から学ぶようなことがあっても、それを自分の心の中で思い巡らしたり体験したりしなければ、ぼんやりしたままである。逆に、自分が体験して知り得た狭い知識だけに思いを巡らし、広く書物や先輩に学ばなければ危険このうえない。

＊＊

本章は「学問」と「体験」の連携《れんけい》の大切さを言ったところです。どちらかだけでは不十分で、取り分け「体験」だけに頼る人は危険だと、孔子は警鐘《けいしょう》を鳴らしています。こんな逸話《いつわ》があります。

象を見たことがない三人が目かくしをして初めて象に触った。最初に触ったAさんは鼻に触って「象はホースのように鼻が長いゾ～」と言います。次に耳に触ったBさんは「何を言っているんだい！象はバナナの葉のように耳が大きいんだゾ～」と言います。次にCさんは膚《はだ》に触り言います「あなた達はぜんぜん分かっていないゾ～。象とは膚がザラザラしたのが象じゃないか」と。するとAさんは「いやいや、鼻の長いのが象だ」と言い返します。それを聞いたBさんは「Aさんも Cさんも何を言ってるんだい。耳の大きなのが象じゃないか」……と、そうやって三人の話はどこまで行っても交わりません。しばらくして、Aさんが「ちょっと待てよ。じゃ～Bさん、あなたが言う大きな耳ってホントにあるのかい」と尋ねます。するとBさんは「ホントにバナナの葉のような大きな耳があるんだよ。オレは嘘つかね～」と。Aさんは「ということはCさん、あなたが言う膚がザラザラしているっていうのもホントかい」と。Cさんは「んだんだ。オレも嘘はつかね～」と答えます。そして三人は「はは～ん、なるほど！」と同時に頷《うなず》いた……。と言う話です。

前半で、三人はそれぞれ自分が体験した真実を言っています。だから嘘ではありません。でも、なぜか三人の話はかみ合いません。それでも三人は真実を言っています。問題のジレンマはここにあり、自分が体験したことが真実だからといって、それが全体を表すような大きな真実とは限らず、一面の小さな真実に過ぎないこともあるということです。

更に問題なのは、この三人が、今の自分の体験だけをもとに、象とはこんなものだと言いふらしたとしたら……世間は混乱します。こんな話は私たちの日常にもよくあることで、だから、孔子は広く学ばず自分の体験だけに頼れば、危険な人になると言っているのです。

しかし、後段です。Aさんは心が広かったようです。それでAさんはBさんCさんの言い分に耳を傾けます。そのことによって象の全体像が浮かび上がって来ます。つまり、大きな真実が見えて来ます。ここが肝心で、色んな人の意見に耳を傾ける器量《きりょう》が必要となります。広い器量や視野を身につけるためには、体験だけでなく日頃から書物や先輩に学ぶことが大切です。

現代では師と仰ぐような人にめぐり合うことはなかなか難しいですが、それでも、おのれの人徳を磨くような実のある書はあり、それが永年にわたり読み継がれて来た「論語」のような経書《けいしょ》だと思われます。

さらに、孔子は別章で、一日中食事もとらず夜も寝ずに「思索《しさく》」をめぐらしたあと、

「益《えき》なし。学ぶに如《し》かず」

(なんの益もない。聖賢《せいけん》の書に学ぶには及ばない)


と、「学ぶ」ことの方があれこれ考えるより大事だと言っています。

されば、「忙しいから。時間がないから」などと言って、結局、実のある書を読まずにいては、器量や視野が狭くなるのは当然で、時間をみつけては「学ぶ」以外にないゾ〜ということでしょうか(笑)。

八佾《はちいつ》編　第五章

5 諸葛孔明《しょかつこうめい》にみる理想のリーダー像

子曰《しいわ》く、夷狄《いてき》だも君有《きみあ》り。諸夏《しょか》の亡《な》きが如《ごと》くならず。

孔子が言った。どんな未開の国であっても定まった君主《くんしゅ》（王）はいるものだ。今のように諸侯《しょこう》（地域の有力者）たちが権力をふるい、君主あって君主なきが如《ごと》くではない。

＊＊

本章は、孔子が今の世には徳のある君主がいないと嘆《なげ》いたところです。孔子が生きた春秋時代《しゅんじゅうじだい》（紀元前七七〇～同四〇三年）は、弱肉強食《じゃくにくきょうしょく》の戦国時代へと続き、孔子が「世の乱れを正さん」と孤軍奮闘《こぐんふんとう》してもどうにもならなかったようです。

しかし、後の世ではありますが、孔子が待ち望んだであろう君子が現れます……諸葛孔明《しょかつこうめい》です。孔明の、本章の夷狄《いてき》にまつわる面白い話を紹介します。

時は流れた三国《さんごく》時代（二二〇～二八〇年）。当時、蜀《しょく》国にとって南蛮《なんばん》は大王・猛獲《もうかく》が大蛇《だいじゃ》や巨象や猛虎などの猛獣を使いこなし、強権《きょうけん》をふるう南境《なんきょう》の脅威《きょうい》となっていました。そこで、名参謀《さんぼう》・諸葛孔明は兵を率いて南蛮征伐《せいばつ》に出ます。当初、戦いは猛獲が猛獣戦略に出て優位に進みますが、そこは百戦錬磨《ひゃくせんれんま》の諸葛孔明。相手の手の内を見抜くと戦況《せんきょう》は一転し猛獲は捕らえられます。しかし、孔明は猛獲を殺そうとはせず「陣形を建て直しもう一度かかって来い」と逃がします。再度挑んだ猛獲はまた捕らえられます。それでも、孔明はまた逃がし、結局、これを七度繰り返し、さすがの猛獲も最後は打ち首を覚悟します。そのとき、孔明は「孔明の功《こう》はそちに譲《ゆず》る。それゆえ、今後は心を入れかえ、良き王として民を愛し、わしに代わって王化《おうか》（徳による教化）につとめてくれ」と言います。これを聞いた猛獲は感激の涙を流し、以後、一心に良政につとめた……。

これは、漫画家・横山光輝《よこやまみつてる》氏の『三国志《さんごくし》』に出てくる一説です。孔明が猛獲に「良き王として民を愛し王化につとめよ」と諭した言葉には、孔子が乱れ行く時節《じせつ》を嘆きながらも求めたであろう、理想のリーダー像を見る思いです。さすがの天才軍師にして名君子の誉《ほま》れ高い孔明、中国の長い歴史に名を遺《のこ》したはずです。孔子の思いも伝わったようです……名前からして！

八佾編《はちいつ》　第十八章

社会人になったら大人の対応を

子曰《しいわ》く、君《きみ》に事《つか》えて礼《れい》を尽《つ》くせば、人《ひと》、以《もっ》て諂《へつら》えりと為《な》す。

孔子が言った。私が君主《くんしゅ》に仕えて礼儀正しく接するのを見て、人はそれをへつらいだと言っているようだ。

＊＊

本章は、上司に礼儀正しく接すれば、他人はそれを「気に入られようとしている」と、みるという話です。これは組織の中にいると実感することです。そもそも「へつらい」の同義語《どうぎご》には「こびる」「おもねる」などがあり、あまり良いイメージの言葉ではありません。礼は大事ですが過ぎれば誤解を招き、また、上司からも見下されそうです。だからといって、礼を失すれば生意気《なまいき》に見られそうで……

6

人間関係は難しい限りです。

ではどうすれば、へつらわず、こびず、おもねず、さりとて、見下されず、生意気にも思われないか。実際、歴史上の人物たちもなにかと腐心《ふしん》したようで、

「誰かれ構わず誠実に対応する」
「堂々としている」
「上手に笑ってごまかす」
「付かず離れずの対応をする」
「怒らせたら大変だと思わせる」

……などいろいろあったようです。

肝心《かんじん》の孔子はどうだったのか。漢学者で『論語《ろんご》の講義《こうぎ》』の著者、諸橋轍次《もろはしてつじ》先生の解説を紹介します。

「孔子はいかなる場合においても君に対しては必ず臣たる者の礼を正しくとり守っており、そのために或《あるい》は時人《じじん》（その時々の人たち）とは違い、そのそしりを受けることがあっても、あえて意としなかった」。

つまり、孔子は、部下は部下としてあるべき姿を貫き、へつらいと取られようがどう取られようが「あえて意としなかった」と言うのが正解のようです。

昨年から新型コロナウイルスが猛威を振るい、就職が決まったにもかかわらずリモートワークやテレワークとなり、本格的な勤務はこれからという方もおられると思います。最初が肝心です。周りからへつらいと取られようと、上司に対しては礼を尽くすことが組織人の第一歩と肝《きも》に命じてください。

私も若い頃、敬愛するO先輩によく教示《きょうじ》されました。「敬意を払うべき人にはちゃんと敬意を払いなさい。それが大人の対応だ」と。

八佾《はちいつ》編　第十九章

尊重し合う職場は魅力的

定公《ていこう》問《と》う、君《きみ》、臣《しん》を使《つか》い、臣《しん》、君《きみ》に事《つか》えること之《これ》を如何《いか》にせん。孔子《こうし》對《こた》えて曰《いわ》く、君《きみ》は臣《しん》を使《つか》うに礼《れい》を以《もっ》てし、臣《しん》は君《きみ》に事《つか》えるに忠《ちゅう》を以《もっ》てす。

魯国《ろこく》（孔子の故郷）の君主である定公《ていこう》が、君《きみ》が臣《しん》を使い臣が君に仕えるにはどうあるべきかと尋ねた。孔子が言った。君が臣を使う場合には礼儀を旨《むね》とし、臣が君に仕える場合には真心《まごころ》を旨とすべきである。

＊＊

本章は、上司と部下の在り方の話です。孔子は、上司はとかく「俺が上司だ。私が上役だ」と驕《おご》りがちだが、そうすることなく部下に礼儀《れいぎ》を尽くしなさいと言っています。一方、部下には、上司に「忠」の気持ちで仕えなさいと言っています。「忠」とは今では「忠義《ちゅうぎ》」などの意味で使われますが、そもそもは「口」という字と「心」という字を一本の線でつないであることから、言っていることと、思っていることが同じだということで、真心を表します。そうやって、上司と部下が互いに尊重し合う姿とは何かすがすがしい感じがし、良い仕事ができそうです。

定年を前に退職したとある友人と会って、話をしたときのことを思い出します。彼はまだ五十二歳と若く、重要な課の課長だったので、黙《だま》っていても将来、部長、局長と出世《しゅっせ》しただろうと思われます。その彼が退職を決意し周りにそのことを話したところ、上司や部下の皆はそろって「そんな良い地位にいるのに何で辞《や》めるの」という感じだったそうです。皆には想像できなかったようですが「出世や人間関係が煩《わずら》わしい」というのがその理由だったようです。

なにか、現代の競争社会の抱える問題について考えさせられる話でしたが、本章に照らし合わせれば、彼の組織に「礼儀」や「真心」を大切にした、もっと良い雰囲気があれば、事態は変わっていたかも知れません。

近年、企業が優秀な人材を引き留めるため、実力に応じて給料を支払う実力主義を導入する傾向にありますが、一方で、自社の仕事を通して社会に貢献したいとする会社の経営方針や、上司や部下が互いを尊重し合った温かい雰囲気が、お金や地位に代えられない魅力だという人もいるようです。
大唐帝国時代、皇帝の信用を得て大活躍した名宰相《さいしょう》（補佐官）・魏徴《ぎちょう》が言っています。

「人生意気《じんせいいき》に感《かん》ず、功名誰《こうみょうだれ》か復論《またろん》ぜん」
（仕事は相手の心意気に感動してするもので、お金や名声を誰が口にしようか）

里仁《りじん》編　第三章

怒りには私憤《しふん》と公憤《こうふん》とがあり

8

子曰《しいわ》く、惟《ただ》、仁者《じんしゃ》のみ能《よ》く人《ひと》を好《よみ》し、能《よ》く人《ひと》を悪《にく》む。

孔子が言った。ただ仁者（心がおおらかな人）だけが公平に人を愛し、公平に人を嫌うことができる。

＊＊

本章は、仁者は人を愛する反面、嫌うこともあるという話です。おおらかな心を持った仁者たる人でさえ、そんなことがあるのかと、ちょっと意外な感じですが、インドのスラム街を拠点に貧民救済《ひんみんきゅうさい》に身を捧げた聖人・マザー・テレサの活動を通して読み解いてみましょう。

当時、インドでは貧しい人は正式な葬儀《そうぎ》もなされず、道端《みちばた》で死んでいくこともありました。マザー・テレサはそんな人々を「死《し》を待《ま》つ家《いえ》」と呼ばれる所へ連れて行き、温かく介抱《かいほう》し最後を看取《みと》ります。この献身的《けんしんてき》な活動に感動して、世界中から支援者がやって来ます。時の政府は最初見て見ぬ振りをしていましたが、活動が活発になると、さすがにそうはいかず支援に乗り出します。ところが、その支援の仕方が問題でした。高価な家具やソファーなどを「死を待つ家」に送ったのです。マザー・テレサは「何もわかっていない」と怒り、仲間と一緒に二階の窓からこれらの家具を投げ捨てます。道端で誰にも看取られずに、死に逝《ゆ》く人たちがいる状況を、どう考えているのか。それを真剣に受け止めず、場違いな物を送るだけで、根本的な対策を講《こう》じようとしない。そんな憤《いきどお》りが政府に対しあったようです。

教訓としたいのは、マザー・テレサのこのときの憤りが、個人的な利害がからんだ「私《わたくし》」事ではなく、社会的に弱者を救いたいという「公《おおやけ》」の思いから発せられたということです。このような憤りを、「私憤《しふん》」に対し「公憤《こうふん》（義憤《ぎふん》とも）」と言います。

孔子も他人の陰口《かげぐち》を言ったり、礼節をわきまえず公の秩序を乱すような人を嫌いますが、それは公憤によるもので、私憤ではありません。ここが仁者とそうでない人の別れ道で、私たちも日常で憤りを覚えることがありますが、果たしてそれは私憤なのか公憤なのか。コーフンせず冷静に判断したいものです。

里仁《りじん》編　第十二章

9 「もうこりた」の精神で

子曰《しいわ》く、利《り》に放《よ》りて行《おこな》えば怨《うらみ》多《おお》し。

孔子が言った。自分の利益ばかり考えていると怨みをかうことが多い。

＊＊

本章は、私利私欲《しりしよく》は怨恨《えんこん》を招くという話です。確かに自分の利益ばかり考えていては他人から睨《にら》まれそうです。しかし反対に、自分より他人の利益を優先し、他人の喜びを自分の喜びのように思えば、そこには天地の差が生まれそうです。

「三尺箸《さんじゃくばし》の譬《たと》え」という説話《せつわ》があります。

この説話では、天国の食卓と地獄の食卓のようすが描かれています。どちらのテーブルにもごちそうがいっぱいに並べられ、それを囲む人々の手にはどんな遠くの料理にも届く、三尺（約九十一センチ）ほどの長い箸が結びつけられていています。しかし、地獄では誰もがごちそうを食べられず苦しみもがいています。一方の天国ではみんな楽しそうに食事をしています。さて、どこが違うのか……。

実は、地獄では、その箸を使って、自分の口に料理を運ぼうとするのですが、それには箸が長すぎるため、料理は掴《つか》めても、誰も食べられないまま苦しんでいるのです。それに対し天国では、同じ長い箸で掴んだ料理を他人の口に運んでいます。だから楽しく食事をすることができるのです。

つまりこの話は、他人を優先することが、いかに良好な人間関係を作るかという教訓で、論語の別章には、

「仁者《じんしゃ》は己《おのれ》を立《た》てんと欲《ほっ》して人《ひと》を立《た》つ」

（仁者は自分が出世したいと思えば他人を先に出世させる）

とあり、他者を優先することは美しい徳とされます。

私が関西の大学に通っていた頃、下宿先《げしゅくさき》のミノル叔父《おじ》が、よく

「人生はギブアンドテイクなんて小さいこと言ってたらあかんでぇ、ギブアンドギブやでぇ」

と言っていて、なるほどと広い考えに感心させられました。また、叔父は

「もうこりたやでぇ」

とも。なんのこっちゃという感じですが、これは「もう懲《こ》りた」という意味ではなく、漢字で書くと「忘己利他」となり、己を忘れて他人に利益を、という意味です。そもそもは天台宗《てんだいしゅう》の開祖・最澄《さいちょう》の言葉で、まさに然《しか》りです。皆が自分の利益優先の考えにもう懲りれば、この世は天国になるかもしれません。

里仁《りじん》編　第十六章

利益は信用の足し算なり

子曰《しいわ》く、君子《くんし》は義《ぎ》に喩《さと》り、小人《しょうにん》は利《り》に喩《さと》る。

孔子が言った。君子は義に敏感で小人（修養不足で人格に欠ける人）は利に敏感である。

＊＊

本章は、前章と関連して「利」と「義」とを比較した話です。これに似て、

「そんかとくか　人間《にんげん》のものさし　うそかまことか　佛《ほとけ》さまのものさし」

とは、有名な、詩人で書家の相田《あいだ》みつをさんの言葉です。私はこの言葉に出合っ

10

てから、損得を口にするのがあまり好きではなくなりました。

一方で、世の中とは不思議なもので、ほんとに損をしたのか得をしたのか分からないときもあります。田舎《いなか》のおじいさんとの話です。

あれは小学六年生のときのことです。おじいさんの家に遊びに行ってふと気付くと、ポケットに入れていたはずのお金が無くなっていました。私が思わず「しまった。お金を落とした！」と言うと、おじいさんは、こう言いました。「おまえ良いことしたなぁ〜、そら拾《ひろ》った人は喜んどるぞ〜」と。一瞬、私はあっけにとられ、鳩《はと》が豆鉄砲《まめでっぽう》をくらった状態になりました。豆鉄砲は、そもそも玉《たま》が豆ですから撃たれてもそんなに痛くありませんが、パーンと大きな音がしますので、鳩はほんとうに撃たれたようにきょとんとしてしまいます……実際にそうなるかは分かりませんが（笑）。

でも、まさに私はそんな状態でした。お金を落として悔しい思いをしましたが、拾った人は喜んでいるはずだ……となると、私は悲しむべきなのか、喜ぶべきなのか……わからなくなってしまったのです。この面白い体験から、私は〝悪いことの半面には良いことがある〟と、前向きな考えを持つようになり、これは大人になって失敗したときに大いに役立ちました。取りようによっては少々能天気ですが（笑）。

さて、明治の大実業家・渋沢栄一《しぶさわえいいち》は、

「利《り》は義《ぎ》の和《わ》なり」

の精神を信条《しんじょう》としました。つまり「信義《しんぎ》（信用）」の足し算が「利益」を生むということです。この会社ならという信用をたくさん積めば、仕事がたくさんもたらされ自然と利益があがります。渋沢が、「お金はもうけるものではなく、もうかるものだ」というのもうなずけます。

となれば、お金は大切なものながら、少し損することがあっても、「世の中に貢献した」ぐらいに考えた方が良いかも知れません。何が損か得かは分からないもので、鳩の豆鉄砲のような話もありますから。

人のふり見て我がふり直せ

里仁《りじん》編　第十七章

子曰《しいわ》く、賢《けん》を見《み》ては斉《ひと》しからんことを思《おも》い、不賢《ふけん》を見《み》ては内《うち》に自《みずか》ら省《かえり》みる。

孔子が言った。賢明《けんめい》なるものを見たときは自分も同じであることを願い、賢明でないものを見たときは、自分はそうならないよう反省する。

＊＊

本章は、平たく言えば、

「人《ひと》のふり見《み》て我《わ》がふり直《なお》せ」

11

と言ったところでしょうか。確かに良い事も悪い事も自分の教訓にしければならりません。この話から、私には「賢」とするにふさわしい、N先輩のことが思い出されます。

その先輩は市役所の有名人でした。それで一度、話を聞かせてもらえればと仲間を誘って門をたたきました。そして夜の宴席《えんせき》でのことです。先輩がこんなことを言われました。

「己《おのれ》を律《りっ》するのは己しかいない」

この言葉が深く印象に残りました。というのも、人間は、もういいやと消極的になろうとする気持ちと、しっかりせねばと積極的になろうとする気持ちの間で葛藤《かっとう》するときがあります。私もそれに随分と悩まされました。とは言え、迷ったり悩んだりした後にどっちにするか、最終的に決断を下すのは他ならぬ己です。されば、己を良くするも駄目《だめ》にするも、まさに「己」にかかっていると言えます。

「己を律する」特に「律する」と言う言葉が大変、新鮮に聞こえ背筋の伸びる思いがしました。また先輩は、

「森に入ってはいかん」

とも言われました。詳しく聞くと、「その人には、その人の森がありそこから先は聖域《せいいき》で、どんなに親しくてもそこに入ってはいかん。人間は一生のうちには、思い出したくない過ちや事件があったりするものだ。だから森の近くまでは行ってもそこに入らず、そっとしておいてやらなければならない」という話で深く印象に残りました。

先輩の話はこの二つだけではありませんでしたが、当時、血気《けっき》盛んな青年時代であった私には大変に良き戒《いまし》めとなりました。同時に、先輩の人間的な深さにも感動し、こんな人になりたいと「斉《ひと》しからん」ことをひそかに思った次第です。

里仁《りじん》編　第二十六章

理想の上下関係は阿吽《あうん》の呼吸《こきゅう》にあり

子游《しゆう》曰《いわ》く、君《きみ》に事《つか》えるに数《しばしば》すれば、斯《ここ》に辱《はずか》しめられる。朋友《ほうゆう》に数《しばしば》すれば、斯《ここ》に疎《うと》んぜられる。

子游（門人）が言った。君主に仕えしばしば忠言《ちゅうげん》すれば聞き入れられないどころか最後は侮辱《ぶじょく》される。親友に対しても余りくどくど忠言すれば疎ましく思われる。

＊＊

本章は、まごころからいさめる気持ちであっても、忠言はほどほどにしておきなさいという話です。確かに忠言は相手を否定することでもあり、

12

「忠言《ちゅうげん》は耳《みみ》に逆《さか》らう」（忠告の言葉は聞きづらい）とも言います。やはり、よく考えて言わなければ思わぬ亀裂《きれつ》が走ることになりかねません。

ただ、似たような言葉に「輔弼《ほひつ》の任《にん》」というのがあります。これは例えば「君主を輔弼する」というような使われ方をし、補佐するという意味ですが、問題は本章のように忠言しなければならないときです。相手が友ならばともかく、君主ともいうべき最上位者に「あなたは間違っています」と簡単に言えるかという話です。

「しかし、言わなければならない時は涙ながらにも言わなければならない。相手が市長だろうが一歩も引くな。それが輔弼の本当の意味だ」と、尊敬するM先輩に教わりました。これを聞いて私は、輔弼という言葉の持つ意味もさることながら、そんな大事な意味を持つ言葉を知る先輩に深く感心させられました。先輩はこうも言われました。

「本当の上司と部下との関係は、〝絶対〟でなければならず、疑う仲であってはならない。そうあって初めて良い仕事が出来る」。この「絶対」という言葉も心に強く響きました。そのような関係であれば部下も、上司に気がねしたり、媚《こ》びへつらったりすることもなく、適切な忠言ができそうです。

先日、面白いことを発見しました。それは島崎《しまさき》（熊本市西区）にある岳林寺《がくりんじ》という禅寺《ぜんでら》へ行った時のことです。入り口の山門の右に阿形《あぎょう》、左に吽形《うんぎょう》の二つの三メートルくらいのそれは立派な金剛力士像《こんごうりきしぞう》がありました。有名な「阿吽《あうん》の呼吸《こきゅう》」とされる像で、よく見ると阿形像には「左輔金剛《さほこんごう》」、吽形像には「右弼金剛《うひつこんごう》」と書いてあるではありませんか。ハッとしました。あの「輔弼」です！禅寺ですから物事の真理を見極めていくのを補佐する、ということでしょうか？日本の精神文化は凄いとあらためて感じました。

部下が上司を補弼し、時に忠言することもできるような、絶対の関係……それはきっと「阿吽の呼吸」の関係にあるのでしょう！

公治長《こうやちょう》編　第二章

君子は言葉使いを慎重にする

13

子《し》、南容《なんよう》を謂《い》わく、邦《くに》に道有《みちあ》れば廃《はい》せられず、邦《くに》に道無《みちな》くも刑戮《けいりく》を免《まぬが》れる。其《そ》の兄《あに》の子《こ》を以《もっ》て之《これ》に妻《めあわ》す。

孔子が南容（門人）を評して、南容は国が治まり正道（道徳が重んじられること）が行われているときも見捨てられず、国が乱れて正道が行われていないときも刑罰に処せられない。そう言って、兄の娘を嫁がせた。

＊＊

本章は、孔子が南容を高く評価し自分の姪《めい》を嫁《とつ》がせたという話です。南容が国に正道があるとき、身を保てたのは理解できるとしても、国が乱れた状態にあっ

ても身を保てたのはなぜか。実は、南容は日頃から、

「口《くち》は災《わざわ》いの元《もと》、口は災いの元」

と自分に言い聞かせ、口を慎《つつし》んだからにほかなりません。やはり、言葉とは油断ならず、発し方しだいでは抜き差しならぬ危険な事態に陥《おちい》ります。当時、南容のような、乱れた国における賢明《けんめい》な身の処し方は「明哲保身《めいてつほしん》(賢者が危険を上手に避け身を守ること)」と言われ、君子の理想とされました。

熊本市国際交流会館での講演で、カンボジアの女流作家パル・バンナリー・レアクさんが次のような、凄まじいお話をされました。

それはポルポト政権下での緊迫《きんぱく》した状況のことです。ポルポトは百万人もの人を虐殺《ぎゃくさつ》し、庶民は当時の世相を〝血《ち》の川《かわ》、涙《なみだ》の海《うみ》〟と表現していました。そのような中、仲間が次々と呼び出されて殺され、遂に、自分にも魔の手がやって来ました。機関銃を突きつけられこう聞かれました。「お前はポルポト派か反対派か」

と。勿論、みんな反対派ですが、「賛成派だ」と言って「嘘を言うな」と殺された人もいれば、逆に、勇気を出して「反対派だ」と言って、「お前は正直者だ」と言って助かった人もいました。そんな難しい命懸けの問いでした。そこで、私はこう答えました。「私はカンボジアを愛している。カンボジアのために尽くしたい」と。そして、殺されずにすみました……。

なんとも物凄い場面ながら、とっさの〝明哲保身〟に心が震えました。

孔子は、レアクさんの時代のように、世の中が戦国乱世へと向かい、危険な状況になっていくなかで、南容を評価したように、他の様々な賢者の明哲保身にも触れています。中でも、時の権力と直接にはわたり合わず、自らの正義感や使命感を〝布で巻く〟ように隠した人を、一段高い君子だと評価しています。

ただ一方で、孔子は、とある隠者《いんじゃ》（世を避けひっそりと暮らす人）から、今の世は危険だからと隠遁《いんとん》（隠《かく》れ住むこと）を勧められたとき、

「私は山野にあって鳥や獣《けもの》と群《むれ》をなす気にはなれない。私は人間に生まれたの

だから人間と群れをなさずに誰と群れをなそう。それに、今、天下に正道があれば私が出しゃばって変えようとする必要もないが、正道がないからこそ、こうやって奮闘しているのだ」

と言っています。危険な世にあって、打って出るべきか、隠れ住むべきか、それとも、しなやかに生きるべきか、危険の度合いに応じて、その人なりの対応の仕方があるように思われます。

現代を見渡せば、孔子の時代とは比較にならないほど高度で豊かで安全な文明社会になりましたが、依然として正道が失われた国があるようです。「香港《ほんこん》の女神《めがみ》」こと周庭《しゅうてい》さんが、最近、〝布で巻いて〟隠すように言った言葉に、現代の君子をみた思いがすると共に、どこかほっとさせられました。

「生きてさえいれば希望があります!」

公冶長《こうやちょう》編　第十一章

欲心あれば本物にあらず

14

子曰《しいわ》く、吾未《われいま》だ剛者《ごうしゃ》を見《み》ず。或《ある》ひと対《こた》えて曰《いわ》く、申棖《しんとう》ありと。子曰《しいわ》く、棖《とう》や慾《よく》あり。焉《いずく》んぞ剛《ごう》を得《え》ん。

孔子が言った。私はいまだかつて剛者を見たことが無い。それを聞いて、ある人が言った。申棖がいるではありませんかと。すると孔子が言った。申棖には欲心がある。どうして剛者たり得ようか。

＊＊

本章は「剛者」なる人の話です。剛者とは如何《いか》なる人か？ 漢学者・諸橋轍次先生の解説を紹介します。

「剛者とは正義のためには飽《あ》くまで屈《くっ》することのない者を言う。欲心のあるものは必ず求めるところがあり、求めるところがあれば、必ず利に屈し勢いに屈する。従って剛者ではありえない」

このやっかいな「欲心」ということから、私が希望に燃えて仕事をしていた若いころに聞いた話が思い出されます。当時、熊本市長をされていた故星子敏雄《ほしことしお》さんが、あるとき出張で東北方面へ行かれ、会議の翌日に現地視察をされたときの話です。そこは有名な庭園だったようで、市長がここはどういう庭園なのかと尋ねました。ガイドがかくかくしかじかの大富豪《だいふごう》が造ったものですと説明したところ、市長は、

「何だ、ただの金持ちの道楽《どうらく》か。つまらん、おい、行くぞ!」

と言われ、随行者《ずいこうしゃ》を連れてさっさと立ち去られたということです。

有名な庭園もただの大富豪の欲の産物と一蹴《いっしゅう》で感心させられました。市長は、戦後、長年シベリアに抑留《よくりゅう》され、酷寒《こっかん》の中での重労働や独房《どくぼう》生活など様々な労苦を経験されています。あるときその頃のことを振り返り、私の先輩にふっと「あのとき欲を捨てきった」と言われたそうです。市長は現職時代、一円といえども公私の別はきっちりと付け、人事に私情を交えたり、趣味に時間をさいたりなど一切なかったようです。そんな市長の影響を受けてか、当時は〝古武士〟や〝サムライ〟と呼ばれた、気骨を感じさせる課長や局長があちこちにおられました。よく耳にした「熊本市役所魂《だましい》」をみる思いで、星子市長はまさに剛者と見ましたがいかがでしょうか?

論語に登場する本物と言われる人は地位や名誉や金銭に執着《しゅうちゃく》がなく、生きている間にどれだけ人を助けたり、世の中に貢献できるかに価値を見出しているような気がします。だから無私にして無欲です。お金は大事ながら使い方しだいでは、一言で終わりです。「つまらん!」。

雍也編《ようやへん》 第十一章

鼠《ねずみ》の頭と馬の首とでは

子《し》、子夏《しか》に謂《い》いて曰《いわ》く、女《なんじ》、君子《くんし》の儒《じゅ》と為《な》れ。小人《しょうにん》の儒《じゅ》と為《な》ること無《な》かれ。

孔子が、子夏（門人）に言った。子夏よ、君子の儒学者《じゅがくしゃ》となれ。小人の儒学者となってはならない。

＊＊

本章は孔子が子夏をさとしたところです。「儒《じゅ》」とは辞書には「徳をもって人をうるおす人。引いては学者をあらわす」とあります。子夏は優秀な門人ながら文言《もんごん》に重きをおく学術派であったようですが、おそらく孔子が門人たちに期待したのは、乱れ行く世にあって実行力を備えたリーダーになることだったので、大きく目を開かせようとしたのだと思われます。

「君子の儒」と「小人の儒」をもっと詳しく考えれば「大所高所《たいしょこうしょ》（大きく高いさま）」と「枝葉末節《しようまっせつ》（小さな細部のさま）」の視野の違いでしょうか。ときどき打ち合わせや会議で議論が末節に入り込み本題を離れるときがあります。そこで、大事なことは考えの基本とされる「思考の三原則」を頭に置くことです。


一．目先にとらわれないで長期的にみる。

二．一面にとらわれないで多面的にみる。

三．末節にとらわれないで根本的にみる。


単に感覚的ではなく、このようなしっかりした見方で判断すれば、正しい解決策が見えてきそうです。ただ、作家の神渡《かみわたり》 良平《りょうへい》さんは、

「思考の三原則も大事だが、もっと大事なのは、そのことに賭《か》ける情熱だ」

と言っておられます。確かに、情熱こそが人を動かし道を切り開く強力なパワー

でもあります。さすれば「思考の三原則」の段階は言わば「中人の儒」かも知れません？

最後に、剣豪・宮本武蔵《みやもとむさし》は、兵法書「五輪《ごりん》の書《しょ》」の中で、事に臨《のぞ》んで細部に入り込まないよう、次の言葉を念仏《ねんぶつ》のように唱えよと言っています。

「鼠頭午首《そとうごしゅ》、鼠頭午首《そとうごしゅ》！」

ネズミの頭と馬の首とではまったく大きさが違う。小さなことにとらわれてはならない、という意味です。そういえば、令和二年は「ネズミ年」で令和三年は「ウシ年」です。牛も馬に負けない大きな首を持っています。大きく大きく参りたいものです！

16

雍也《ようや》編　第十八章

面白くなきことを面白く

子曰《しいわ》く、之《これ》を知《し》る者《もの》は、之《これ》を好《この》む者《もの》に如《し》かず。之《これ》を好《この》む者《もの》は、之《これ》を楽《たの》しむ者《もの》に如《し》かず。

孔子が言った。その事を知っている者はその事を好む者に及ばない。その事を好む者はその事を楽しむ者に及ばない。

＊＊

本章は孔子が「之」というものに取り組む姿勢を三段階で評したところです。

ことわざの、

「好きこそ物の上手なれ」

と似た感じがします。「之」とは何か？　芸事や仕事などいろいろありそうですが、例えば、仕事だとしてみましょう。かっこいい仕事、おもしろい仕事、楽な仕事などは自然と楽しめそうですので、つらい仕事、いやな仕事、向かない仕事などで考えてみます。すると、この三段階は、

一．やり方は知っていて仕方なくやっている人
二．好きになる努力をしてやっている人
三．工夫し楽しみながらやっている人

と分けられ、取り組む姿勢からすると、順に立派な人となり、ここから、その人の人間性も見えてきそうです。

江戸前期の儒学者《じゅがくしゃ》で近江聖人《おうみせいじん》とよばれた中江藤樹《なかえとうじゅ》が、逆境を楽しむことが学問だ

として、次のように言っています。

「人間は、たとえ逆境《ぎゃっきょう》にあっても坦々《たんたん》と心安らかに動かさず、更には、それをどこか楽しむところが必要であり、そういう努力が、また、真の学問の目的である」。

されば、仕事とはそもそも労働の対価として、お金をもらうためのものですが、その他にも大事な意味があります。それは、仕事には楽な仕事と辛い仕事があり、逆境ともいえるような辛い仕事こそが、屈強《くっきょう》な精神力を育てたり、広く深い人間力を磨いたりして、立派な人間にしてくれるということです。

また、人生とは〝妙《みょう》なる〟もので、そんな辛い仕事に前向きでぶつかっている人ほど周りの尊敬を集め、反対に、楽な仕事ばかりしている人は世渡り上手なお調子者だと信用されそうにありません。

幕末の英雄・高杉晋作《たかすぎしんさく》は病を患《わずら》い、短い一生を送らざるを得ませんでしたが、激動の乱世《らんせ》の中にあっても心を坦々と保ち、かかる世がどうあれば楽しくなるかを考えていたようです。幕府使節団として中国の香港に渡航した際は、当時としては珍しかったピストルを2丁求め、後に、1丁を坂本龍馬に持たせたり、下関戦争の講和会議では長州藩家老の子息と偽って、諸外国リーダーを相手に魔王のごとく振るまい、身分を問わない「奇兵隊《きへいたい》」を組織し奇抜な戦略をとって幕府軍を撃退しています。高杉の辞世《じせい》の句を紹介します。

「面白《おもしろ》きことも無《な》き世《よ》を面白《おもしろ》く」

このような人こそ孔子の言わんとした「之を楽しむ者」で……高杉晋作、さすがです！

述而編《じゅつじ》　第三章

君子は人知れず人徳を磨く

子曰《しいわ》く、徳《とく》の脩《おさ》まらざる、学《がく》の講《こう》ぜざる、義《ぎ》を聞《き》きて徙《うつ》る能《あた》わざる、不善《ふぜん》を改《あらた》むる能《あた》わざる、是《こ》れ吾《わ》が憂《うれ》いなり。

孔子が言った。徳（気高い人間性）がいまだ修まっていないこと、学の講《こう》究《きゅう》が不十分なこと、正道を聞いて実行できていないこと、不善を改められないこと、これらは私の憂いとするところである。

＊＊

本章は、孔子が自らの修養不足を嘆《なげ》いた場面です。聖人・孔子ですら……という感じがします。そもそも孔子は相当な努力家であり、徳が修まっていないなどということが本当にあったのか……。中国の思想書「荘子《そうじ》」に記された修養にまつわる次の話を読めば孔子の心境がうかがい知れそうです。

昔、軍鶏《しゃも》（ニワトリの一種で闘鶏《とうけい》に用いられる大きな鳥）を育てる名人がいました。その名人のことを聞きつけ、王が一羽の軍鶏を預けます。十日ほど経って王が「強くなったか」と尋ねます。名人は「まだ駄目《だめ》です。空威張《からいば》りをしています」と答えます。また十日ほど経って王が「もういいか」と尋ねると「まだです。他の軍鶏の声を聞いたり姿を見ただけで興奮します」と答えます。さらに十日ほど経ち、王が「もういいか」と尋ねます。名人は「まだです。相手をにらみ付けたり威嚇《いかく》したりします」と答えます。また十日ほど経って王が「もういいだろう」と尋ねます。すると、名人は「もういいでしょう。他の軍鶏の鳴き声を聞いても平気で、他の軍鶏は姿を見ただけで逃げ出します。まるで木で作ったように落ち着いていて動じません」と答えました。

これが有名な「木鶏《もっけい》」の話で、本当に強い軍鶏とはあたかも木で出来ているかのように不動です。勿論《もちろん》、これは人間の徳の修め方の譬え話で、当時、三千人からの門人を擁《よう》したとされる孔門の総帥《そうすい》・孔子の堂々とした姿と重なります。

「木鶏」には続きがあって、禅語《ぜんご》（禅の言葉）に、

「木鶏《もっけい》、子夜《しや》に鳴《な》く」

と出ています。子夜とは夜中の十二時のことで、本番では落ち着きはらった木鶏も、皆が寝静まった夜中に、人知れず声を張り上げ修養を積んだようです。

かつてM先輩が、

「人徳を磨くような大事な学問は人知れず積んでおけ」

と言われた言葉が思い出されます。孔子も自らの修養不足を嘆《たん》じてはいますが、懸命に磨いたはずです。人徳を。人知れず！

述而編《じゅつじ》 第五章

願い事は夢にまで持ち込め

子曰《しいわ》く、甚《はなは》だしいかな、吾《われ》が衰《おとろ》えたるや。久《ひさ》しいかな、吾復夢《われまたゆめ》に周公《しゅうこう》を見《み》ず。

孔子が言った。自分も甚だしく衰えたものだ。久しく周公を夢に見ていない。

＊＊

本章は、孔子が最近、周公（周公丹《しゅうこうたん》）を夢に見ないと嘆いたところです。周公とは孔子より五百年ほど前、周王朝が興ったときの立役者で、以後、八百年続く優れた文武《ぶんぶ》制度を敷いた相当な力量人《りきりょうにん》です。孔子がそんな周公を尊敬していたのは分かりますが、なぜ、夢にまで見たかったのか？それを解く鍵となるようなことを〝せごどん〟こと、西郷隆盛が「西郷南洲先生遺訓《さいごうなんしゅうせんせいいくん》」と言う本の中で、次のように語って（要約）います。

18

「度胸《どきょう》を身に付けようと思えば、英雄の度胸たるものを夢に見るまで探究し、突発的な出来事にも一点も動揺《どうよう》しないよう日頃から鍛錬《たんれん》しなければならない。周公は徳を身に付けたいと朝夕《あさゆう》に止まらず夢にまで見ることを願ったと聞く」

西郷さんが周公を引き合いに出しているのには驚きですが、西郷さんの「度胸」を身に付ける話をもう少し身近な例で考えてみましょう。よく他人に遠慮会釈《えんりょえしゃく》なしにポンポン言う人がいます。「なんだコイツは！」とついムキになりそうですが、それでは心が動揺したことになり、西郷さんから「未熟者《みじゅくもの》！」と一喝《いっかつ》されそうです。大事なことはそんな人を嫌がらず、好材料として夢にまで持ち込み、あの英雄なら、この賢者なら、どう対応するかと考察《こうさつ》することです。

周公も新時代を建設するにあたって「徳道《とくどう》」をいかに敷くかに大いに腐心《ふしん》し、夢の中まで、考えていたと思われます。孔子もそんな周公を目標として、乱れ行く世を正さんとする大使命に燃えていたので、その気概《きがい》を夢に見るほどに強めたかったのでしょう。

私もこれから、周公と孔子と西郷さんに人生の手ほどきを受けさせて頂きたいと思います。少しお酒でも飲みながら、夢の中で……。

19

人間の本当の楽しみとは……

述而編《じゅつじ》　第十五章

子曰《しいわ》く、疏食《そし》を飯《くら》い水《みず》を飲《の》み、肱《ひじ》を曲《ま》げて之《これ》を枕《まくら》とす。楽《たの》しみ亦其《またそ》の中《なか》に在《あ》り。不義《ふぎ》にして富《と》み且《か》つ貴《たっと》きは、我《われ》に於《おい》て浮《うか》べる雲《くも》の如《ごと》し。

孔子が言った。質素な食事をし水を飲み、肱を曲げてこれを枕にする。楽しみはそんな中にある。まして、不正義によって得た富や地位は、私にとっては空に浮かぶ雲のようなものである。

＊＊

本章は、孔子が自宅でくつろいでいる様子が目に浮かぶ、ほのぼのとした場面ですが、何か大事なことを言っているようです。果たして、孔子は何を言いたいのか。後段に「不正義によって得た富や地位」とあることがヒントになりそうです。人間は時として金銭欲や名誉欲などの「欲望」にかられ、不正義に手を染めてしまうことがありますが、実は、そんな欲望を捨て去ることで、逆に、大きなものを得たりするようです。中国の詩人、蘇東坡《そとうば》の有名な言葉があります。

「無一物中無尽蔵《むいちぶつちゅうむじんぞう》。花有《はなあ》り月有《つきあ》り楼台有《ろうだいあ》り」

（自分の欲望から得たものを全て捨て去り、何も持っていない状態になると、かえって、花や月や城など何でも無限に自分のものになる）

自分の欲望から得たものを捨て去り、「日常」に身の周りに存在する様々なものに目を向け、それらを、同じ「地球の仲間」だと広く考えれば、それらがいとおしくなり、自分との境界線がだんだんと消え一体となった感覚になる。そうなると、野の花も、夜空の月も、大きなお城も、あらゆるものが自分のもののように感じられる……ということだと思われます。

現代は異常気象などが続き、日本列島の各地で大災害が発生しています。先の東日本大震災では、多くの人が地震や津波でいやおうなしに、家族、友人、恋人などかけがえのない人たちや、家や車や様々な思い出の品々などを一瞬にして奪われました。その中で生き残られた方々のお気持ちはいかばかりかと思われますが、みなさん一様に、

「日常のあたりまえの生活が、いかに大事なものであったかに気付かされた」

とおっしゃられていたことが大変に印象的です。

そのことを思えば、欲望にかられ不正義によって得た富や名声などは、まさに浮かべる雲のごとく小さなものであり、むしろ、質素な生活であっても周りの人たちと共に過ごす「今」という時間を大切に生きることが、人間にとっていかに大事か、本当の幸せはそこにあることを知らされます。

孔子は、質素な食事をし、肘を枕に外の雲を眺めていますが、おそらく心の中

ではそんなことを考えていたのだと思います……周りの門人たちのくったくのない語らいや笑い声を聞きながら！

20

名言は人生哲学から生まれる

述而編《じゅつじ》　第二十三章

子曰《しいわ》く、二三子《にさんし》、我《われ》を以《もっ》て隠《かく》すと為《な》すか。吾《われ》、隠《かく》すこと無《な》きのみ。吾《われ》、行《おこな》うとして二三子《にさんし》と与《とも》にせざる者無《ものな》し。是《こ》れ丘《きゅう》なり。

孔子が言った。汝《なんじ》らは私が何かを隠していると思っているようだが、私は何も隠していない。私はいつも皆と一緒に行動しないことはないではないか。この見えるままが丘（孔子）である。

＊＊

本章は、孔子が常に名言ともいえる言葉を発することに、門人たちが疑問を抱いたところです。門人たちは「先生は昔からの人生の秘伝書《ひでんしょ》のようなものを読んでおられるのかも知れない。それとも、ひょっとしたら俺たちの知らないところで神様や宇宙人と交信されているのかも」などと思ったようです（笑）。しかし、孔子は何も隠していないと言っています。

実は、私にも似たような経験があります。先輩方の話を聞くとき、その時々の物事の本質を見抜いた名言に驚かされ、そんな言葉はどこから来るのだろうと不思議に思ったことが何度もありました。今でも忘れられない一言は、若いころ、M先輩と歩いていたときのものです。先輩が、

「最近、物を教える師はおっても道を教える師がおらんな～」

とポツリと呟《つぶや》かれました。この含蓄《がんちく》ある言葉が私の胸に響きました。普通の人にはなかなか言えない名言だと！

当時、学校が荒れ教育の在り方が問われていたのに対し、教育で一番に教えるべきは、人間が正しく生きて行くための「道」にある。しかし、近年の教育は永

らく「道徳」より「知識」が重視されて来たため、肝心の教える側の教師にすら、しっかりと道を学んだ人が少ない、ということを指したものでした。

勿論、先輩に驚かされたのは一度や二度ではありませんが、こんな名言が発せられるのも、先輩が若いときから、師と仰ぐ人の門を叩いて直接に薫陶《くんとう》を受けたり、また、自身でも様々なたくさんの本を読まれたりして、人間や世の中の森羅《しんら》万象《ばんしょう》に対し深い探求をされ、しっかりした「人生哲学」を持たれたからだと推測されます。

孔子はというと、言うにおよばず「人生哲学」の大家であり、決して交信はしていませんでした……宇宙人とは（笑）。

泰伯《たいはく》編　第十一章

21 仁者はお金や労力をケチらない

子曰《しいわ》く、如《も》し周公《しゅうこう》の才《さい》の美有《びあ》りとも、驕且《きょうか》つ吝《りん》なれば、其《そ》の余《よ》は観《み》るに足《た》らず。

孔子が言った。もし、その人に周公のような美しい才覚があったとしても、驕《おご》りがあったり吝《りん》（ケチ）であったりすれば、あとは見るに足らない。

＊＊

本章は、「驕り」と「ケチ」は人間の値打ちを下げるという話です。周公が相当な力量人で、孔子が夢に見るほどに尊敬したことは前述（述而五章・P66）のとおりです。

「驕り」が低俗で誠実さに欠けることは、これまでみてきたところですが、問題なのは一方の「ケチ」もそうです。ケチは一見、小さなことでどうでも良さそうですが、これは「金銭面」だけでなく「労力面」をも指し大事なところです。別章に、孔子が、仁者の「仕事」に取り組む姿勢を、門人に諭《さと》したところがあります。そこで、孔子は、

「仁者《じんしゃ》は難《かた》きを先《さき》にし獲《う》るを後《あと》にす（熟語で先難後獲《せんなんこうかく》）」

と教示《きょうじ》しています。これを普通に解釈すると、仁者は困難な仕事を率先して行い、見返りは後にする、となりますが、注目すべきは、漢学者・諸橋轍次先生がこれに対し、

「すべて骨の折れる仕事があれば、真っ先にひきうけ、利益や名誉などの見返りは全く眼中に置かない」

と解説しておられることです。つまり、仁者は、仕事は仕事でも、骨の折れる仕事であればあるほど真っ先にひきうけ、当然に得られるであろう報酬《ほうしゅう》など、全く眼中に置かないようです。なんとも腹の坐り方が違い「労力をケチる」ていどの話ではないようです。

たいへんだからとすぐに他人をあてにしたり、他人と比較し自分の仕事量が多いと不満を言ったり、辛い仕事は他人にさせ自分は見て見ぬふりをしたり、また、見返りを求めなかったか……と、振り返れば、私自身、心苦しいところもあります。骨の折れる仕事とは時に孤独でもあり辛く、愚痴の一つもこぼしたくなります。しかし、それを簡単に口や顔に出しては、ケチな取るに足らない人です。

近年、日本では長時間労働が問題となり「働き方改革」がなされ残業時間も減っていますが、やむなく残業となり苦しいときでも、無理は禁物ながら修行と考え、にっこり笑って頑張ってください。

孔子が龍のような人だと、高く評価したとされる老子《ろうし》が、頑張《がんば》った先には必ず良いことがあるとして、次のように言っていますから。

「天網恢恢疎《てんもうかいかいそ》にして漏《も》らさ（失《うしな》わ）ず」

（天の神様の持っている網は、どんな良いことも、どんな悪いことも、もらさずすくい上げ、的確に褒美《ほうび》や天罰《てんばつ》をもたらす）

22

学問には人間学と事務学の二つがあり

泰伯《たいはく》編　第十二章

子曰《しいわ》く、三年学《さんねんまな》びて穀《こく》に至《いた》らざるは得易《えやす》からず。

孔子が言った。三年学んでも職に就《つ》こうとしない人物は得難い。

＊＊

本章は職だけを早々に求めようとする者が多いが、その前にしっかりと学問を修めることが大事だという話です。

しかし、それなら現代人はもう十分に合格点ではないでしょうか？　なぜなら、多くの人が就職前に小・中学校、高校、さらには大学と十五年以上も勉強をしていますので……。でも、そうではないようです。というのは、ここで孔子が言う「学び」が今の学問とは少し違うからです。

これは、日本の「論語」普及《ふきゅう》に多大な貢献《こうけん》をされ、五年前に百一歳で亡くなられた伊與田覺《いよたさとる》さんの話（要約）です。

「人は特別な努力をしなくても日本では二十歳になれば成人になります。しかし、本当の成人になるためには相応の学問が要ります。人間は神仏と動物の中間に存在し、どちらの方向に努力するかでまったく違ってくるからです。人と成るためには徳性を育成する学問が必要で、これを『人間学』といいます。これに対して、知識、技術を習得するための学問を『事（時）務学』といい、昔は、学問といえば人間学を指し事務学の方は芸といっていました」

目が覚めるような話で、振り返って、国語、算数、理科、社会などの基礎学問ももちろん大事ながら、こんな徳性を磨く学問を私たちは本当にしてきたのか。孔子が言わんとする「学び」も、まさにこの人間としての徳を磨く「人間学」をさします。

これまでも「道徳」の重要性については触れましたが、近年、これが軽視《けいし》されているため、虐待《ぎゃくたい》やいじめ、ひいては不登校、引きこもりなどが起きたり、また、スポーツ界、政財界などさまざまな分野で、人間性を欠いた発言や事件が発生している気がします。

論語は、現代人と同じように、生き方に悩み苦しんだ先人たちが申し送った「人間学」の結集書で、やはり、これを子どものころから学ぶことが大切だと思います。社会人となって、道をはずれず、人間らしい良き人生を送るために！

愛と正義を抱いて王道を行く

23

泰伯《たいはく》編　第十九章

子曰《しいわ》く、大《おお》いなるかな尭《ぎょう》の君《きみ》たるや。巍巍乎《ぎぎこ》たり。唯《ただ》、天《てん》を大《だい》なりと為《な》す。唯《ただ》、尭之《ぎょうこれ》に則《のっと》る。蕩々乎《とうとうこ》たり。民能《たみよ》く名《な》づくること無《な》し。巍巍乎《ぎぎこ》たり。其《そ》の成功有《せいこうあ》ること。煥乎《かんこ》たり、其《そ》の文章有《ぶんしょうあ》ること。

孔子が言った。尭の君は実に偉大であった。世の中で一番大きなものは天であり高々としているが、尭はこの天の道にそって極めて徳が広大だったので、民は尭を形容する言葉を知らなかった。その世を治めることに成功しているさまは実にみごとで、文物制度《ぶんぶつせいど》は光り輝いていた。

＊＊

本章は、孔子が伝説の聖王《せいおう》・尭を高々とし、広々とし、きらきらと輝いていたと称賛《しょうさん》したところです。人々は尭を慕い形容する言葉を知らなかったとありますので、堯はたいへん立派な「王道《おうどう》」政治を行ったのだと思われます。王道とは、愛情や正義などの「徳」に基づいてものごとを進める温かいやり方のことです。反対の「覇道《はどう》」とは、権力や腕力などの「力」に基づく冷たいやり方で、両者の間には効力において雲泥の差があり、よく寓話《ぐうわ》の「北風と太陽」に譬《たと》えられます。

そんな尭や孔子を尊敬していた人がいます。熊本の思想家・横井小楠《よこいしょうなん》です。小楠公は明治維新の二年前に甥《おい》の左平太《さへいた》・太平《たいへい》を米国に留学させます。その時、二人に送った有名な言葉があります。

尭《ぎょう》・舜《しゅん》・孔子《こうし》の道《みち》を明《あき》らかにし（尭や舜や孔子の王道を極め）
西洋器械《せいようきかい》の術《じゅつ》を尽《つく》し（西洋の進歩した科学技術の限りを尽くし）
何《なん》ぞ富国《ふこく》に止《とど》まらん（単に日本の富国に止まらず）

何《なん》ぞ強兵《きょうへい》に止《とど》まらん（単に日本の強兵に止まらず）
大義《たいぎ》を四海《しかい》に布《し》かんのみ（世界に大義を布《し》け）

さすがに小楠公、堂々としたもので「世界に大義（王道）を布け！」とはスケールの大きさにびっくりさせられます。まさに尭の良き精神が時代を超え、孔子に受け継がれ、幾世《いくせ》を経てはるばる日本の小楠公にもたらされた感じです。

同じ維新の英傑・勝海舟が小楠公を評した言葉も有名です。

「俺は天下に恐ろしい者を二人見た。薩摩の西郷隆盛と肥後の横井小楠だ」

勝海舟がこれを言うきっかけになったのは、小楠公の次の言葉のようです。

「日本は世界の戦争を止めさせる世話焼《せわや》きにならなん！」

尭や孔子や小楠公が理想とした愛情や正義で導く「王道」は、今の世に受け継がれているのか……世話を焼くところです。

上司も部下も驕《おご》りを捨てる

子罕《しかん》編　第三章

24

子曰《しいわ》く、（中略）下《しも》に拝《はい》するは礼《れい》なり。今《いま》、上《かみ》に拝《はい》するは泰《おご》れるなり。衆《しゅう》に違《たが》うと雖《いえど》も、吾《われ》は下《しも》に従《したが》わん。

孔子が言った。君主《くんしゅ》に拝する際に臣下《しんか》が下座《しもざ》にいるのは礼儀である。しかし、今は同じ上座《かみざ》に拝している。これは驕《おご》りである。皆と違うが私は下座にいよう。

＊＊

本章は、上司や目上《めうえ》の人と会席する際の上座下座《かみざしもざ》の話です。年長者を敬うのは儒教《じゅきょう》思想の柱ではありますが、だれがどこに座るかは小さなことのようにも見えます。しかし、そこを曖昧《あいまい》にしないのが孔子らしく思われます。以前こんなことがありました。

人情の機微《きび》（微妙な思いやり）によく通じた先輩と酒席を共にした時です。先輩は三人の若い部下を連れてこられ、私は二人の後輩を連れて行きました。いざ座る時です。私は先輩を一番奥の壁を背にした席に、三人をその横に勧めました。しかし、先輩は「あ〜、よかよか」と言って、出入り口に近い一番手前の末席《まっせき》に座られました。私はさすがに「それは……」と思い、せめてもと壁側の末席を勧めました。すると、先輩は「あ〜、そうな」と笑いながらそちらへ移動し、私が手前の末席に座りました。普通であれば、年長者は上座となる奥の席になりますが、席次のマナーに精通《せいつう》しながら、先輩は若い部下を上座に誘導しました。自分が年長だからと当然のように上座に座ることを、厚かましく思われたのでしょう。大変、感心させられました。そんな譲《ゆず》り合いで始まったので、飲み会は実に爽やかで温かい宴席となりました。

孔子は臣下が君主と同じ上座に座るのは「驕り」だと言っています。「壁側が寄りかかれて楽だから」「早く来たから」と上司や先輩を立てず、あるいは、部下や後輩への心遣《こころづか》いをせず、しゃあしゃあと上座に座るようでは、驕りがあるかもしれません。また、孔子は宴会後も、自分より年長の人が部屋を出るまでは退席しなかったようです。

部下は上司への礼儀をわきまえ、上司は部下への心遣《こころづか》いを忘れない。こんな互いを思いやる心があれば、お酒もおいしくなるはずです。酒席で見せた先輩の心くばりに乾杯！

子罕《しかん》編　第四章

25

決めてかかると恥をかくときがある

子《し》、四《よっ》を絶《た》つ。意《い》毋《な》く、必《ひっ》毋《な》く、固《こ》毋《な》く、我《われ》毋《な》し。

孔子は、次の四つを絶っていた。相手の意を憶測《おくそく》し先に喋《しゃべ》ること。必ずそうすると決めてかかること。頑固にそうしないと決めてかかること。自己中心的に振る舞うこと。

＊＊

本章は、孔子がしなかった四つの行いの話です。漢学者の諸橋轍次《もろはしてつじ》先生によれば、「要するに、これらの行いは小人にあてはまること」

だそうです。小人という言葉にはギクッとしますが、読み返すと、四つのうち二つに「決めてかかる」とあります。人間はものごとを決めつけやすいもので、いつか月刊誌『致知《ちち》』に掲載《けいさい》されていた失敗談《しっぱいだん》を紹介します。

ある女性が空港で飛行機を待っていました。出発まで時間があったので、待合室で本を読みながら横に置いたクッキーを食べ始めました。しばらくして気付くと隣の男性が厚かましくも自分のクッキーを食べています。女性は驚きましたが気付かないふりをして食べ続け、そして、遂に最後の一枚になりました。すると、男性はためらうことなく笑顔でそれを取り上げ、二つに割って半分を女性に残し、あとの半分を食べてしまいました。女性はたいへん不愉快《ふゆかい》になりましたが、ちょうど出発のアナウンスがあったので、席を立ち飛行機に乗り込みました。そして機内で本の続きを読もうとバッグを探《さぐ》ると、ガサガサと手に当たるものがあります。あれっと思い取り出すと、それはなんと搭乗《とうじょう》前に売店で買ったクッキーでした。ということは？　さっきのクッキーは実は隣の男性のもので、自分が勘違いをしていたのです。女性はたいへん恥ずかしい思いにかられました……。

この失敗談《しっぱいだん》から分かるとおり、そもそも人間には物事を「決めてかかる」悪い癖《くせ》があるようです。誰しも似たような経験があるのではないでしょうか？　不本《ふほん》意《い》なことがあったら自分が本当に正しいのか、今一度、冷静に考え直してみる必要がありそうです。

振り返れば、私もそんな失敗を何度も繰り返し、恥をかきました。だから、今は決めてかからず慎重《しんちょう》に食べるようにしています……特にクッキーは！

自分の周りを明るくする人に

26

子罕《しかん》編　第十四章

子《し》、九夷《きゅうい》に居《お》らんと欲《ほっ》す。或《あ》るひと曰《いわ》く、陋《ろう》なること之《これ》を如何《いかん》せん。子《し》曰《いわ》く、君子《くんし》之《これ》に居《お》れば何《なん》の陋《ろう》か之《これ》有《あ》らん。

孔子が九夷（都《みやこ》から遠く離れ多くの種族からなる未開地）にでも住もうかと言った。すると、ある人がそこはむさ苦しい所のようですが、と言った。孔子が言った。そこに立派な君子がいれば、何でむさ苦しいことがあろうか。

＊＊

本章は、どこであれ立派な君子がいれば住み良くなるという話です。孔子がなぜこんなことを言ったのかは不明ですが、当時、孔子の優秀な門人たちは役人としていろんな地に派遣されていました。ひょっとしたら、その中の誰かが、自分は九夷に行かされるのではと心配していて、そのことを耳にした孔子が「どんな所であれ自分が行って都《みやこ》にする。自分がやらずに誰がやるか、ぐらいの気概《きがい》を持て！」とやる気を出させるために言ったのかも知れません。

こんな話がありました。ある男性職員が、皆が嫌がるような部署への人事異動が決まった時のことです。彼は仕方なく辞令《じれい》を持ってM先輩のところに転課のあいさつに行きました。そして「俺をそんな所に飛ばして！今度の異動は不本意《ふほんい》でムシャクシャしている」とぼやきました。すると、その先輩は「あなたのような気持ちで異動して行ったら、元からそこに居る人たちはどうなるか」と、すかさずいさめたそうです。それを聞いて、彼はハッと我に返り、素直に自分のいたらなさを認め気分を一新したそうです。M先輩も立派ながら、言われて素直に改めた職員も立派だと思いました。以前は、こういうキラリと光る先輩方が〝随所〟におられました……。ところで、

「随所作主《ずいしょさくしゅ》」

という言葉があります。「その人の行った先々が明るくなる」という意味です。最後の「主」という字は主人の主ではなく、下の「王」は「燭台《しょくだい》」、上の「丶」点は「灯《あか》り」を表していて、燭台に立てた蝋燭《ろうそく》に火が灯《とも》るという意味です。そんな風に、その場の雰囲気を明るくする人もいます。

今、日本は依然として新型コロナウイルスの感染拡大や、全国各地で多発する自然災害などで暗く沈んでいます。そんな中にも、将棋の藤井聡太《ふじいそうた》七段（当時）が昨年、十七才という最年少記録で、棋聖《きせい》というタイトルを獲得し、その後も、数々の新記録を達成するなど明るいニュースを届けています。また、テニスの大坂《おおさか》なおみ選手も昨年、全米オープンで二年ぶりに優勝し、今年も全豪オープンで優勝するなど、元気に日本を沸かせています。二人のなした快挙《かいきょ》もさることながら、若い二人の礼儀正しさや純粋さが更に日本中を明るくしている気がします。

ここまでなくとも、自分の周りだけでも明るくできたら本当に幸せです。

何ごとも最後の詰めが肝心《かんじん》

子罕《しかん》編　第十九章

子曰《しいわ》く、譬《たと》えば山《やま》を為《つく》るが如《ごと》し。未《いま》だ一簣《いっき》を成《な》さずして止《や》むは吾《わ》が止《や》むなり。譬《たと》えば地《ち》を平《たい》らにするが如《ごと》し。一簣《いっき》を覆《くつがえ》すと雖《いえど》も進《すす》むは吾《わ》が往《ゆ》くなり。

孔子が言った。例えば山を造るのに最後の一盛りの土を運ばず未完成にすれば、それは自分がそうしたにすぎない。土地を平らにするのも、たとえ一盛りの土といえども運び完成に近づければ、それは自分が進めたことになる。

＊＊

本章は物事が完成するもしないも自分次第という話です。「簣《き》」とはわらで編《あ》んだ籠《かご》のことで、「一簣」という言葉にまつわる面白い話が「書経《しょきょう》（四書五経《ししょごきょう》の一つ。孔子の編纂《へんさん》とされる）」に出ています。

周《しゅう》の武王《ぶおう》が殷《いん》の紂王《ちゅうおう》を討ち、いよいよ新王朝を築こうとした時のことです。武王に取り入ろうと四方の国々から様々な貢物《みつぎもの》が贈られて来ます。その中に旅国《りょこく》から贈られたとてつもない大犬《おおいぬ》がいました。武王はこれをたいへん気に入り心を奪われます。それを見かねた名臣《めいしん》が諫《いさ》めます。

「〝山を為《つく》ること九仞《きゅうじん》の功を一簣に虧《か》く〟と言います。これから新時代を築こうとする大事なときに、たかが犬に心を奪われてどうしますか」

最初の一文はことわざで、意味は、高い堤防《ていぼう》の山を築くのに最後の一盛りを怠《おこた》ったため、そこから水が漏れ出し総崩《そうくず》れになった、ということで、詰めの大事さがよく分かります。油断した武王をすかさずいさめた名臣が光っています。

この話から、友人S君のことが思い出されます。六、七人で仕事の打ち合わせをし、いろいろと意見が出て、やっとおぼろげながら結論らしきものが出たので終ろうとした時のことです。彼が「ということは、この問題は……かくかくうんぬんということですね」と、ゆっくりとかみしめるようにまとめました。それで、モヤモヤとしていた結論がハッキリとしました。彼はゴルフの腕前は最後の「詰め」がイマイチですが、仕事の「詰め」は立派で感心しました。

彼は熊本市東区の沼山津《ぬやまづ》の生まれで、ひょっとして同郷の横井小楠《よこいしょうなん》の血筋かもしれません。顔も似ていますから（笑）。

孔子は、物事が進むも進まないも自分次第だと言っていますが、最終的には「詰め」が肝心だということです。私もときどき油断してツメには泣かされます。飼猫君の……。

28

他人のことをちょっと思いやる

郷黨《きょうとう》編　第十六章

凶服《きょうふく》の者《もの》には之《これ》に式《しき》す。（一文のみ抜粋）

孔子は馬車に乗っていて喪服《もふく》を着た人を見かけると、車席の前の横棒に手をついて一礼した。

＊＊

本章は、孔子の日頃の立ち居振る舞いが多く記された「郷黨編」の一説です。内容は、孔子が馬車に乗って移動中に、喪服を着た人とすれ違ったとき、一礼をしたというなんでもない話です。しかし、ここには、ちょっとしたことながら大きなことが秘められている気がします。

あるとき、大学生の娘がこんなことを尋ねました。「今、中国で、チベットやウイグルの人たちが弾圧されているという話があるけど、それに対してどう考えたらいいの」と。この問題は日本国内の話ではなく遠く離れた国のことです。だからといって見て見ぬ振りもし難い話です。そこで、これを論語に照らし合わせたとき、ふっと歌人・安永蕗子先生のことが思い出されました。先生があるときの論語の講義で、次のように言われたことがあります。

車に乗って移動しているとき、喪服を着た人とすれ違ったりすることがありますが、そんなとき皆さんはどうされますか。少し気になりますね。私は、なにかご不幸があられたんだな、お寂しいだろうなと、ちょっと頭を下げます。このちょっと思いやること、それで良いんです。でも、それが大事なんです、と。

私はこの話を聞いて、なにか救われるような気持ちになりました。通りすがりの見知らぬ人で直接には関係なくとも、なにか少し心に感じるものがある……。かといって、その人の悲しみに寄り添うことはできない。でも、ちょっとその人のことを思いやる。それだけで確かにホッとします。この「ちょっと思いやる」

ことは小さいようで大きく「仁」という思いやりの心の片鱗《へんりん》に触れたような気がしました。

このエピソードを交え、娘に本章の孔子の話をすると、果たして、娘も納得《なっとく》したような顔をしてにっこり笑いました。

日本人をはじめ地球上の多くの人は平和に暮らしていますが、一方、同じ人間でありながら苦しんでいる人たちがたくさんいます。だからといって、直接の働きかけもしにくく、見て見ぬふりをするのも良心がとがめます。でも、そんな問題から目を離さず「ちょっと思いやる」ことをしていれば、いつの日か自分にも何かができるかもしれません。まずは「ちょっと思いやる」ことが大切で、そうでない人とは大きな差があるように思われます。

それに、この「ちょっと思いやる」という考えは、意外な展開を生むようです。現代のような競争社会に生きる私たちは、他人をライバルや敵のように思い、近くて遠い存在としてしまうことがあります。しかし、この「ちょっと思いやる」という考えは他人をあたかも兄弟姉妹のように身近に感じさせる力を持っていて、この力のお陰で、私も知らない人に気軽に話し掛けることができるようになりました。

「ちょっとしたこと」とは、時に「おおきなこと」に変化することがあり、人間とはなんとも不思議な温かい生きもののようです！

29 退《しりぞ》くべきときは私欲を捨てていさぎよく

郷黨編《きょうとう》　第十八章

色《いろ》みて斯《ここ》に挙《あが》り翔《かけ》りて而《しか》る後《のち》に集《とど》まる。曰《いわ》く、山梁《さんりょう》の雌雉《しち》、時《とき》なるかな時《とき》なるかな。子路《しろ》之《これ》に共《きょう》す。三《み》たび嗅《か》ぎて作《た》つ。

「雉《きじ》は人間の顔色を見て舞い上がり、しばらく空中を翔《か》け巡って安全な場所に舞い降りる」孔子が言った。あの山橋に雌雉《めす》が見えるが、時機《じき》（タイミング）を良くわきまえている。時機を良くわきまえている。子路（門人）が見やると、その雉は三回羽ばたいて飛び立った。

＊＊

本章は冒頭の一文が古くからの詩文になっていて、雉が危険を察して飛び去る様を、人間の出処進退《しゅっしょしんたい》（現在の職にとどまるか退くか）にたとえ、退くべきときは退かなければならないと諭した一説です。

雉は日本の国鳥で尾が長く均整《きんせい》が取れ気品があります。また賢い鳥で、私が益城町《ましきまち》の畑で見かけた時は、人に見つかったと気づくたびに、ちょこちょこと野菜の陰に隠れました。孔子はそんな雉の状況判断の能力を高く評価していますが、人間は、地位が高くなると名誉欲が増し、最後までしがみついて恥をかき、せっかくの晩節《ばんせつ》（人生の晩年）を汚《けが》すことがあります。

幕末期の英傑《えいけつ》・勝海舟《かつかいしゅう》にまつわる逸話《いつわ》が思い出されます。年号が改まり明治へと変わってからのこと、福沢諭吉《ふくざわゆきち》から「もうそろそろ御引退なされてはどうですか」と言われたのに対して、

「行蔵《こうぞう》は我に存《そん》す。毀誉《きよ》は他人の主張《しゅちょう》」

（出処進退は自分で決める。けなしたりほめたりするのは他人の勝手）

と返した話は有名です。海舟は晩年になってからも、常に公人《こうじん》として時流《じりゅう》を読み、いろんな人の立場を考え、自分が天下国家に果たすべき役割を冷静に考えていました。海舟が心に残っていたのは、明治という新時代になってもなお、天皇に弓を引いた逆賊《ぎゃくぞく》として扱われていた徳川家旧幕臣《ばくしん》のことで、最後に、海舟は徳川慶喜《よしのぶ》を明治天皇に拝謁《はいえつ》させて、両者の仲を修復することにより、彼らの名誉回復を図ります。そして、この会見を見届けたかのごとく、翌年に亡くなります。

海舟の偉業《いぎょう》はそれだけに止まりませんが、海舟が「行蔵は我に存す」と諭吉に返したのは、私は私欲で生きているのでは無い、との信念があったからと思われ、最後に大業を成し遂げ、死をもって出処進退を表したのは見事というほかありません。

近年、政財界の不祥事《ふしょうじ》が次から次へと表面化していますが、上層部が潔く責任を取って辞任するという姿があまり見受けられないようです。われわれも人生の大事な局面で欲を出して恥をかきたくないものです。でなければ、ケーン、ケーンと鳴く雉に「欲ばっかりしてるケーン！」と笑われそうです。

先進編《せんしん》　第十五章

過ぎたるは及ばざるがごとし

子貢問《しこうと》う、師《し》と商《しょう》とは孰《いず》れか賢《まさ》れる。子曰《しいわ》く、師《し》や過《す》ぎたり、商《しょう》や及《およ》ばざる。曰《いわ》く、然《しか》らば則《すなわ》ち師《し》が愈《まさ》れるか。子曰《しいわ》く、過《す》ぎたるは猶及《なおおよ》ばざるがごとし。

子貢が子張と子夏とではどちらが優っていますかと尋ねた。孔子は子張は過ぎ子夏は及ばないと答えた。子貢はでは子張の方が優っているのでしょうかと尋ねた。孔子は過ぎたるも及んでいないのも同じであると答えた。

＊＊

本章には有名な言葉、

「過《す》ぎたるは及《およ》ばざるがごとし」

が出てきます。子貢、子張、子夏はみな孔子の門人です。ここで、孔子は子張と子夏の性格を比較して、子張はなにかと出すぎで、子夏はなにかと及ばずで、要するに両者は中庸《ちゅうよう》を得ていないという点で、同じだと言っているようです。

しかし、「学問を修める」という観点からすれば「及ばざる」の方に軍配《ぐんばい》があがりそうです。孔子は泰伯《たいはく》編で、

「学は及ばざるが如くす。猶《なお》之を失うことを恐る」
（学問はまだまだと思ってすすめ、不十分に終わることを恐れなさい）

と言っています。さらに、苦労人の徳川家康は、

「人の一生は重き荷を負うて遠き道を行くが如《ごと》し、急ぐべからず……及ばざるは過ぎたるに優《まさ》れり」

との金言を残し、人生経験を「もう過ぎた」と思う人より、「まだまだ及ばない」と謙虚《けんきょ》に日々歩《ほ》を進める人が、優っていると言っています。

ではなぜ「過ぎたる」の姿勢がいけないのか。星子敏雄元熊本市長が「市政だより（昭和五十一年三月号）」で次のように言われていました。

「人間の歴史は様々な変化と興亡《こうぼう》の跡を残しながら流れて行く。盛んなるものは必ず衰《おとろ》えると言うが、完成は崩壊《ほうかい》の始まりである。及ばざるもの、足らざるもの、そして、未完成なるものを完成させようとして、真剣な努力を積み重ねる人間の姿は美しい。その中にこそ人生の生き甲斐と生命の充実があるのではなかろうか。かくして、未完成こそは人間生活の希望と進歩の源泉である」

深甚《しんじん》なる推察で、確かに建物など建設中は衰退《すいたい》しませんが、いざ完成すると自然の法則に従い衰退が始まります。まして、学を修めるとなると、人間世界はさらに広く深く完成はありません。仮にも「過ぎたる」と自負するようでは衰退の始まりです。

孔子や徳川家康や星子元市長など、偉人の言葉は真理を射て、優《まさ》れるものであり及ばざるものです。

人の道をはずれたら人面獣心《じんめんじゅうしん》に

先進編《せんしん》　第十九章

子曰《しいわ》く、論《ろん》の篤《あつ》きに是《こ》れ与《くみ》せば君子者《くんししゃ》か色荘者《しきそうしゃ》か。

孔子が言った。上手な話ぶりだけでは、その人が本当の君子者なのか上辺を飾る色荘者（偽善者《ぎぜんしゃ》）なのかは分からない。

＊＊

本章は、発言を聞くだけではその人が君子者なのか色荘者なのか分からないという話です。「色壮」の「色」とは容貌《ようぼう》や言葉を、「壮」とは重々しいことを意味し、上辺《うわべ》を重々しく飾り上手に善人を装う人となります。

そういえば、組織の中では「声が大きい意見ほどよく通る」と言い、うそでも大声で言う人の意見は正しく聞こえます。また、それほど見識がなくても「立て板に水」とばかりに話す人は頭が切れそうに感じられ、礼儀をわきまえていなくても洋服を上品に着飾ればいかにも紳士淑女に見えます。論語の他章でも、孔子はこのような偽《いつわ》る人たちを、

「郷原《きょうげん》・聞士《ぶんし》・善柔《ぜんじゅう》・便佞《べんねい》・便辟《べんぺき》・狷者《けんじゃ》」

などと様々に使い分け、これらの人は、意外にも好かれているのが特徴だと言っています。つまり、とても上手に善人を装っているので、みんな欺《あざむ》かれていると。

では、そのような人をどうやって見分けるのか？ 孔子によると、色荘者の話には中味がない、となりそうです。その中味とは「哲学《てつがく》」のことで「人間は本来どう生きるべきか」など、根源的な問いに対する自分なりの考えを持つことです。色荘者にはそれがなく、ただ表面的に上手く立ち回っているだけなので、話し方は上手でも注意して聞けば内容に響くものがありません。一方、君子者にはしっかりした哲学が備わっているので、話の内容に真理真実を探求した深みがあり、

使う言葉も新鮮に響き、自然とそれを聞いた人たちは心に感動を覚えます。

一人の君子者の言葉を紹介します。

「人間に生まれて徳を知り道を行わざれば、人面獣心《じんめんじゅうしん》といい、形《かたち》は人間なれども心は獣《けもの》と同じである」

江戸初期の儒学者《じゅがくしゃ》、中江藤樹《なかえとうじゅ》の教えです。さてさて……「人面獣心」とだけは言われたくないものです。

顔淵《がんえん》編　第一章

仁の境地は万物愛にあり

32

顔淵《がんえん》、仁《じん》を問《と》う。子曰《しいわ》く、己《おのれ》に克《か》ちて礼《れい》に復《かえ》るを仁《じん》と為《な》す。（後略）

顔淵（門人）が仁について尋ねた。孔子が言った。自己の私欲に打ち克ち礼を重んじるのが仁である。

＊＊

本章は最高弟の顔淵が「仁」について尋ねたところで、数ある論語の中でも大変に重みが感じられます。先ずは、私が強い衝撃を受けた、本章に対する漢学者・諸橋轍次先生の解説を紹介します。

わがままな考えを持っておれば社会の秩序《ちつじょ》や法則に適合しない。そこで、己の私欲に打ち克ち、人間社会の作りなした美しい法則である礼に帰ることが「克己《こっき》復礼《ふくれい》（己に克ちて礼に復る）」である。さらに克己とは人と己との差別を撤廃《てっぱい》することでもあるので、克己の出来た時が真の意味の万物一体《ばんぶついったい》の仁を得る。

「礼が美しい法則である」

との深い見解には、秩序平安を保つため何千年にも及んだ、人間の葛藤《かっとう》の歴史が想像させられます。さらに

「仁は万物一体の境地である」

という洞察には目の覚める思いがします。論語には愛という言葉は何度も出て来ます。しかし、似たような意味合いながら「仁」となると、人間だけでなく万物をも対象とする大きな愛情、つまり

「万物愛」

を指すようです。述而編に諸橋先生の解釈を裏付けるような、孔子の広い心を映《うつ》す逸話《いつわ》が出て来ます。

「子《し》は釣《つり》すれども綱《こう》せず。弋《よく》すれども宿《ねどり》を射《い》ず」

(孔子は魚釣りはしたが、はえ縄で大量に魚を取ったりはしなかった。糸の付いた矢で飛鳥をからめ捕ることはあったが、寝ている鳥を射ることはしなかった)

というものです。孔子ですら、はっきりと説明をしなかった「仁」の心を、正確に言い当てるのは難しいことながら、孔子の行動や諸橋先生の見解から察すれば、その根底には「万物愛」の精神が流れているのは間違いなさそうです。

最近は新型コロナウイルスの感染が拡大したこともあり、自国第一主義の暗雲が世界に広がっています。しかし、こんなときだからこそ、先人が行き着いた美しい「万物愛」の精神に立ち返り、共に、おおらかに手を携《たずさ》えこの難局を乗り越えたいものです。みんな地球の仲間ですから！

33 己の欲《ほっ》せざるところ人に施《ほどこ》すことなかれ

顔淵《がんえん》編　第二章

仲弓《ちゅうきゅう》、仁《じん》を問《と》う。子曰《しいわ》く、門《もん》を出《い》でては大賓《たいひん》を見《み》るが如《ごと》くし、民《たみ》を使《つか》うには大祭《たいさい》を承《う》くるが如《ごと》くす。己《おのれ》の欲《ほっ》せざる所《ところ》、人《ひと》に施《ほどこ》すこと勿《な》かれ。邦《くに》に在《あ》りても怨《うらみ》無《な》く、家《いえ》に在《あ》りても怨《うらみ》無《な》からん。（後略）

仲弓（門人）が仁について尋ねた。孔子が言った。一歩、門を出たら世間の人には貴賓《きひん》であるかのように接しなさい。他人を使う場合は国の大祭を承《うけたまわ》った時のような真摯《しんし》な気持ちで接しなさい。大事なことは、自分がしてほしくないことを人にしないことだ。そうすれば、諸侯《しょこう》（いわば大名）の国に仕えても大夫《たいふ》（いわば家老）の家に仕えても人から恨《うら》みをかうようなことはないであろう。

＊＊

本章も前章に続き「仁」の話です。「仁」が大切なものであることはともかく、「一歩、家を出たら他人には貴賓に接するかのように」とは、少し大げさな感じもします。というのも、こんな逸話を思い出すからです。

時は明治の初め。福沢諭吉《ふくざわゆきち》が歩いて東京から大阪へ旅をしていました。すると途中で道が二つに分かれていました。諭吉つぁんは沿道の農夫に「これこれ大阪へはどちらへ行けばよいか」と尋ねます。すると、農夫は「へい、お武家様それはこちらでございます」と丁寧《ていねい》に教えてくれました。しばらく行くとまた道が分かれていました。また尋ねようとしましたが、諭吉つぁんは時代も変わり皆平等になったのだから、高圧的《こうあつてき》な尋ね方はいかんなと思い、今度は低姿勢で「お忙しいところ誠に恐縮《きょうしゅく》ですが……」と尋ねました。農夫はうさんくさそうに「あ〜それは右だ。右へ行け」と答えます。諭吉つぁんはその答え方にカチンと来たものの、とりあえずお礼を言いまた歩き出します。でも、二人の答え方が余りに違うのが気になり、はたと気付きます。それで次の別れ道では高圧的に尋ねます。すると、農夫は最初のように丁寧に教えてくれました。諭吉つぁんはにんまりとし、次の別れ道では低姿勢で尋ねます。農夫はうさんくさそうに答えます。諭吉つぁんは面白くなり、高圧的と低姿勢を繰り返し、楽しい旅を続けた。という話です。もうお分かりのように、これは、人間は自分が低姿勢に出れば相手は高圧的になりがちになる、という話です。少し用心すべきところかとも思え、そのためか、孔子は後段で、

「己の欲せざる所、人に施すことなかれ」
（自分がしてほしくないことを、他人にしてはならない）

と有名な言葉を発し、貴賓に接するとまではなくとも、相手が嫌がるようなことさえしなければ、怨を買うことはないぞと結んでいます。

私もできるだけ他人の嫌がるようなことはしないよう心がけたいと思います。諭吉つぁんのように楽しく人生の旅を続けたいので！

顔淵《がんえん》編　第五章

礼を大切に接すればみんな兄弟姉妹

34

司馬牛《しばぎゅう》、憂《うれ》えて曰《いわ》く、人《ひと》は皆兄弟《みなけいてい》有《あ》り。我独《われひと》り亡《な》し。子夏曰《しかいわ》く、(中略)君子《くんし》は敬《けい》して失《うしな》うこと無《な》く、人《ひと》と恭々《うやうや》しくして礼有《れいあ》らば、四海《しかい》の内《うち》、皆兄弟《みなけいてい》なり。君子《くんし》何《なん》ぞ兄弟《けいてい》無《な》きことを患《うれ》えんや。

司馬牛が、人には兄弟がいるのに自分にはいないのも同然だと嘆《なげ》いた。それを聞いた子夏が言った。君子は人に敬意《けいい》をはらい失礼がないようにし、うやうやしくして礼儀を尽くすので、世界の人みんなが兄弟姉妹となる。されば、君子ともあろう者が、兄弟がいないなどと悲しむことはないではないか。

＊＊

本章は、辞書にも載っているほど有名な四字熟語、

「四海兄弟《しかいけいてい》（世界の人みんなが兄弟姉妹）」

の話です。門人の司馬牛は冒頭《ぼうとう》で「自分には兄弟がいないも同然だ」と嘆いていますが、これは実兄が相当な悪人で嫌われ者であったことからそう言ったものです。しかし、これに応えた兄弟子《あにでし》・子夏の言葉がすばらしいものでした。子夏は、この話は孔子先生から聞いたのだがと、前置きして「礼儀さえあれば世界中の人が兄弟姉妹になる」と諭《さと》し、元気づけます。おそらく司馬牛は大変に感動したと思われ、実は、私もこの言葉にはジーンときました。

というのも、私には娘がいますが一人っ子で、その娘が小さいころ「私にもお姉ちゃんや妹がいたら良かったなぁ」と言ったことがあり、返事に窮《きゅう》しました。しかし後年、論語を勉強し本章の言葉と出会って自信が湧《わ》き、娘にもそう伝えました。以来、「四海兄弟」は私のモットーとなっています。

「四海兄弟」を引いたと思われる孤高《ここう》の和歌があります。日本が日清《にっしん》戦争に勝利し日露《にちろ》戦争開戦へと沸くとき、明治天皇がひとり憂《うれ》えて詠《よ》まれたものです。

「四方《よも》の海皆同胞《うみみなはらから》と思《おも》う世《よ》になど波風《なみかぜ》の立《た》ちて騒《さわ》ぐらむ」

（世界の人はみな仲間であるのになぜ戦争をするのか）。

人類の究極の悲願が世界平和にあることを見失わない、明治天皇の大きな視点に感銘《かんめい》させられます。初句の「四方の海」という言葉が本章から引かれていることは察しが付くところです。世界のグローバル化が進展し、いろんな国の人と接する機会が年々増えています。人を敬し礼を尽くす気持ちがあれば、人間は血縁を超え、みんなが兄弟姉妹のようになれるとの教えは、大変、貴重に思われます。世界平和を期し開催される、G7サミット（先進国首脳会議）に出席する各国のリーダーに、「四海兄弟」の心があらんことを願います……。

35

人間関係はそもそもの名分《めいぶん》をはっきりさせる

顔淵《がんえん》編　第十一章

斉《せい》の景公《けいこう》、政《まつりごと》を孔子《こうし》に問《と》う。孔子《こうし》対《こた》えて曰《いわ》く、君《きみ》、君《きみ》たり、臣《しん》、臣《しん》たり、父《ちち》、父《ちち》たり、子《こ》、子《こ》たり。公曰《こういわ》く、善《よ》いかな。信《まこと》に如《も》し君《きみ》、君《きみ》たらず、臣《しん》、臣《しん》たらず、父《ちち》、父《ちち》たらず、子《こ》、子《こ》たらずんば、粟有《ぞくあ》りと雖《いえど》も吾得《われえ》て諸《これ》を食《くら》わんや。

斉国の景公が政治の要道《ようどう》を孔子に尋ねた。孔子は、君は君であり、臣は臣であり、父は父であり、子は子である、という名分《めいぶん》を正すことだと答えた。景公が言った。まったくその通りだ。もし君が君らしくなく、臣が臣らしくなく、父が父らしくなく、子が子らしくないならば、食物は豊富でもおいしく食べられないであろう。

＊＊

本章は人間関係における「名分」、つまり、名に値するもの（立場）をハッキリさせることの大切さを言ったところです。先日、読んだ本にこんな話がありました。

会社員の鈴木さんはたいへん実直で真面目《まじめ》過ぎるほどの人でした。でも、それが原因か出世が遅かったようです。それでも、家では頼りがいのある優しいお父さんでした。その日は、たまたま奥さんと子供がお父さんの帰る時間に会社の前を通りかかりました。そこで、二人は会社によって一緒に帰ることにし、お父さんの執務室《しつむしつ》の隅で仕事が終わるのを待っていました。そこへ、お父さんの上司が戻って来ました。上司は戻るやいなや「鈴木君、今日の君の出した資料はどういうことだね……」と怒鳴りつけました。鈴木さんは妻子の見ている前で悶々《もんもん》とした気持ちで頭を下げました。奥さんも子供の前でいたたまれず顔を伏《ふ》せています。子どもは子どもで横を向いてうなだれています……。しかも、この上司は鈴木さんより年下でした。

聞いた側もいたたまれなくなる話で、今の時代ならパワハラとなりそうです。孔子なら、「そもそも、どっちが年長者で年少者か、という長幼《ちょうよう》の序《じょ》の名分が乱れている。いくら上司であっても部下が年長であれば驕《おご》ることなく大切にせねばならない。そこにまた人間関係の美しい秩序が生まれ、職場の雰囲気も良くなる」と言いそうです。儒教には

父子《ふし》の親《しん》（親子の親しみ）
君臣《くんしん》の義《ぎ》（上司部下の信義）
夫婦《ふうふ》の別《べつ》（夫婦の役割の違い）
長幼《ちょうよう》の序《じょ》（年長者を敬う）
朋友《ほうゆう》の信《しん》（友達間の信頼）

の、五つの大切な名分があり、これを「五倫《ごりん》の道」と言います。これらが正されることで人間関係は良好になり、食事もおいしくなるようです。

36

君子は人の美点《びてん》に目を向ける

顔淵《がんえん》編　第十六章

子曰《しいわ》く、君子《くんし》は人《ひと》の美《び》を成《な》し、人《ひと》の悪《あく》を成《な》さず。小人《しょうにん》は是《これ》に反《はん》す。

孔子が言った。君子は人の良い所に目を向け、人の悪い所に目を向けない。小人はこれと逆である。

＊＊

本章は、君子と小人とでは他人を見るときの観点が違うという話です。君子が人の良いところを見るとは、確かにそうだろうという感じがしますが、単にそれだけではなく、ここには人間関係を良くする秘策が隠されている気がします。

ときどき新聞等で「人生相談」の記事を読みますが、そこには、親子や夫婦、兄弟、嫁舅《よめしゅうと》、友人、同僚《どうりょう》、上司部下など、様々な人間関係のトラブルが寄せられています。

これらの投稿でよく見られるのは相手に対する批判です。しかし、互いに批判し合っている間は、どこまで行っても平行線で、問題の解決には至りません。では、どうするか？　これも孔子に尋ねると次のように言いそうです。

「君子は人の長所と短所は表裏一体《ひょうりいったい》にあるということを、しっかり理解している。悪い面にばかり目を向けると先が続かず、へたをすると交際が切れてしまうことになる。しかし逆に、その人の良い面に目を向けてみる。すると、こんな点あんな点と、良い所が浮かび上がってきて、不思議なことに、『この人にも良い所があるじゃないか』と相手に対し温かい情《じょう》が湧き、その人をゆるし受け入れても良いような気持ちになるだろう。そうなると、相手を包み込むような、余裕のある気持ちになり、関係も良い方向へ向かうであろう。『批判は易《やす》く認めるは難《かた》し』というところかの〜。ま、一度、試してみるがよい！」

それで、実際に、苦手な人や好きになれない人に対して、これを実行してみると、「人の美を成す」ことが、それまで遠かった平行線を近付け、やがて、交わらせる秘策であることを実感します。みんながこのように心がければ、いじめや嫌がらせなどなくなるでしょう。
それでも、相手によっては一筋縄ではいかない人がいたりします。そんなときどうするか。「人間学」の第一人者として世界的にも有名な文学博士・鈴木秀子《すずきひでこ》さんが、

「自分の中心軸《ちゅうしんじく》を鍛《きた》える」

という話を教示されています。つまり右の人がこんなことを言ったから、左の人があんな言い方をしたからと、他人の言ったことにいちいち左右されない、そんなしっかりした「中心軸」を自分の中に作るというものです。理不尽《りふじん》な物の言い方をしたりする人は、逆に、自分を〝鍛えて〟くれるありがたい存在だと、とらえるということです。東洋の大哲人・安岡正篤《やすおかまさひろ》さんも、

「自分の中にしっかりしたものがないと情けないほど他人に振り回される」

と言っておられます。となれば、相手のひと言ひと言につられてカッとならず、逆に「ありがたい。自分を鍛えてくれる！」と寛大な気持ちで受け止め、やたらに口答《くちごた》えして相手を刺激しないよう上手に聞き流す。つまり「スルー」することが秘策中の秘策となりそうで、次第に関係が好転することが多いようです。

しかし、そんな理不尽な物の言い方をするような人は、自分が強く言えば言うほど他人が離れて行くので、本当は、心さびしいのかも知れません。

子路《しろ》編　第二十八章

よく学びよく遊べ

子路《しろ》問《と》いて曰《いわ》く、何如《いか》なれば斯《こ》れ之《これ》を士《し》と謂《い》う可《べ》き。子《し》曰《いわ》く、切切偲偲《せつせつしし》、怡怡如《いいじょ》たれば、士《し》と謂《い》う可《べ》し。朋友《ほうゆう》には切切偲偲《せつせつしし》、兄弟《けいてい》には怡怡《いい》たり。

子路が尋ねた。どうあれば士と称せられますか。孔子が言った。互いに磨き合い、励まし合い、和らいで楽しむ人であれば士と言えるであろう。友達とは磨き合い励まし合い、兄弟姉妹とは和らいで楽しむようでなければならない。

＊＊

本章は、孔子が子路に「士」たる者の在り方を諭したところです。「切切」の「切」の字は、学而《がくじ》編に、

37

「切磋琢磨《せっさたくま》」

（切するが如く、磋するが如く、琢するが如く、磨するが如く）

と出てきます。「切磋」は角や骨を切り磨くこと、「琢磨」は玉や石を叩き磨くことで、そのように友と互いに人間修養を積むことを意味します。

注目すべきは、続く「偲偲」という言葉に「忠言」の意味が含まれることです。「忠言《ちゅうげん》は耳《みみ》に逆《さか》らう」と、ことわざにもあるとおり、いくら友でも忠言が耳ざわりなときがあります。しかし、そこをありがたく聞くところがまた大事な修養です。

さらに、「互いに磨き合い励まし合う」という言葉から、歌人・安永蕗子先生の、次のような言葉が思い出されます。

「熊本《くまもと》の心《こころ》」

助け合い
励まし合い
志《こころざし》高く

この言葉は熊本県民が心すべきこととして、熊本県庁をはじめ県内の主な施設に掲げられて県民の励みとなっています。

近年は競争社会となり、他人をライバルや時には敵と見なしがちです。しかし、先生のこの言葉には、同じ時代に、同じ熊本の空の下に、同じ人間として生きる「縁」を、大事にしなさいとの思いが込められているようで、温かく広い気持ちになります。

しかしながら、最後の「志高く」は、それが行き過ぎて、ただの「仲良しクラブ」にならないよう目標は高く持ちなさいと、くさびを打ち込まれているようで、背筋が伸び〝凛《りん》〟とした気持ちになります。

また、孔子は人と和らいで楽しみなさいとも言っています。つまり、「遊び」も必要だと。別章に、

「道《みち》に志《こころざ》し、徳《とく》により、仁《じん》により、芸《げい》にあそぶ」

（道に志して、徳を高め、仁にとどまり、ときには、趣味の世界にも遊びなさい）

と出てきます。なにか最後の言葉にホッとさせられます（笑）。

38

親が子に残すべき財産とは

憲問《けんもん》編　第十五章

子曰《しいわ》く、臧武仲《ぞうぶちゅう》、防《ぼう》を以《ひき》いて、後《のち》、為《た》らんことを魯《ろ》に求《もと》む。君《きみ》を要《よう》せずと曰《い》うと雖《いえど》も吾《われ》は信《しん》ぜざるなり。

孔子が言った。臧武仲は罪を犯して魯国の防の地を追われたが、後で引き返して来て、自分の子孫に同地を治めさせるよう魯公《ろこう》に要請《ようせい》した。臧武仲は、これは脅迫《きょうはく》によるものではないと言ったが、私は信じない。

＊＊

本章は、孔子が臧武仲の脅迫の意図《いと》を見破り、批判したところです。ただ、そのこともさることながら、孔子は、そもそも臧武仲が子孫に「領地」という財産を残そうとしたことも、批判しているように思われます。中国故事《こじ》に次のような面白い話があります。

後漢《ごかん》時代、楊震《ようしん》という清廉《せいれん》で高潔《こうけつ》な一人の役人がいました。楊震がある地の代《だい》官《かん》になると、かつての部下であった王蜜《おうみつ》が夜になって訪ねて来ます。王蜜は楊震に賄賂《わいろ》をおくろうと「楊震さん、どうぞこれを」と言って大金を差し出します。楊震は「とんでも無い」と断りますが、王蜜は「いえいえ今なら誰も見ていませんから。さ、さ、さ」とさらに勧めます。すると楊震は言います。「ちょっと待て、今、おまえは誰も見ていないと言ったが、そうじゃないだろう。おまえが見ている。俺が見ている。天も見ている。地も見ている。これだけでもう四人も見ているじゃないか」と。さすがに王蜜は恥《は》じてこそこそと帰って行った。

これが今日まで語り継がれる有名な「楊震《ようしん》の四知《しち》」という話です。そんな楊震は日頃、友人に、

「子や孫に、清らかな生き方をした先祖がいたという名誉を、残してやれるだけで、最高の財産だと思うが」

と言っていたようです。

そして、楊震には楊秉《ようじょう》という息子がいました。楊秉は親に似て清廉《せいれん》な生き方をし、役所からの相談事にも的確な判断を下すなど学もあり、信頼されていました。酒も飲まず、妻に先立たれても再婚せず、生涯、モットーとしたのが次の言葉です。

「私は三つのものに惑《まど》わされない。酒と色と金だ」

なんとも無欲にして爽やかで、父、楊震の「生きざま」という財産をしっかり受け継いでいたようです。

親が子孫に残すべきものが、「領地」などでなく、「生きざま」にあるとなれば、親は大変です。ボーッと生きていたらチコちゃんに叱られそうです。

39

憲問編《けんもんへん》　第三十五章

良馬にみるおおらかさ

子曰《しいわ》く、驥《き》は其《そ》の力《ちから》を称《しょう》せず。其《そ》の徳《とく》を称《しょう》す。

孔子が言った。驥の良馬（中国の驥州《きしゅう》には良馬が多かった）とは、その力を称するのでなく、その徳を称する。

＊＊

本章は、馬にも人間のような徳が備わる良馬がいる、という話です。徳ある馬といえば、以前、大人気を博した競走馬「ハルウララ」のことが連想されます。ハルウララは高知競馬場《こうちけいばじょう》を走った馬で、一九九八年十一月のデビュー以来、百十三戦〇勝と現役時代には一勝もしませんでした。しかし、負け続けながらもひたすら走るけなげさが人々の心を打ち、「負け組みの星」と呼ばれ、馬券が「リストラの防止になる」など人気を呼びました。性格は少々飽きっぽく、同じ練習を二回以上やりたがらなかったそうです。でも本番ではなぜかリラックスし、それでいて一所懸命走りました。有名になって大勢のマスコミが押しかけてきても、ほとんどの馬がそうなるような食欲不振にも陥《おちい》らず、神経が図太い面もありました。このあたり、なかなかの〝徳馬《とくば》〟と見ました。ハルウララにインタビューすると次のように答えそうです。

「僕は高知競馬場に配属になった。ここで一生走らなければならない。一度でいいから優勝したいけど足が遅いから、どんなに頑張っても無理だと思う。でも、いいんだ。僕のような遅い馬がいるからレースも成立するし、僕のがんばる姿を見て喜んでくれる人もいる。だから、今度またビリになっても、手（足？）を抜かないで一所懸命に走るんだ」

どことなく、雇《やと》われの身で思うようにならないサラリーマン族と似た哀愁《あいしゅう》が漂《ただよ》い涙、涙です。しかし、結果にこだわらず全力を尽くす「まじめさ」、練習では手を抜く「ユーモア」、ここ一番の「リラックス」、周りの騒ぎを馬耳東風《ばじとうふう》とばかりに受け流す「無の境地」たるや、並々ならぬ達人……いや達馬と見ました。すばらしい馬生哲学で、私たちも見習って、良き人生哲学を持ちたいものです。世の荒波をおおらかに生き抜くために。たとえ勝てずとも！

衛霊公《えいれいこう》編　第二章

知識より誠実さが大切

子曰《しいわ》く、賜《し》や、女《なんじ》、予《われ》を以《もっ》て多《おお》く学《まな》びて之《これ》を識《し》る者《もの》と為《な》すか。対《こた》えて曰《いわ》く、然《しか》り。非《ひ》なるか。曰《いわ》く、非《ひ》なり。予《よ》は一以《いつもっ》て之《これ》を貫《つらぬ》けり。

孔子が言った。子貢よ、汝は私を、博学多識《はくがくたしき》を信条とする者と思うか。子貢が答えて言った。その通りだと思います。間違っておりますでしょうか。孔子が言った。それは間違っている。私は、ただ一つの信条をもって人生を貫いている。

＊＊

本章は、知識の豊富さを信条として生きることを、孔子が「それは間違っている」とキッパリ否定したところです。しかし世間一般にはそのように思っている人は多いと推測され、ここは昔も今も変わらず大事なところです。では、孔子が最後に匂わせた一つの信条とは何だったのか……。実は、別章にも、これと似た話が出てきて、そのとき孔子は門人たちに「私の信条を何と思うか」と言い残し、部屋を出て行きます。そのあと、高弟の曾子は若い門人たちに問われ、

「忠恕《ちゅうじょ》」

ではないかと言っています。忠恕とは「他人への真心からの思いやり」のことで、知識の豊富さを誇るのとは違います。おそらく、孔子が信条としたのは「仁」そのものだと思われますが、曾子は仁となると説明が難しいため、仁に限りなく近く、自身も信条としたと思われる「忠恕」と答えたのではないかと推察されます。

横井小楠の門下生で、明治期に皇室典範《こうしつてんぱん》の起草や教育勅語《きょういくちょくご》の草案《そうあん》にあたった熊本の偉人・元田永孚《もとだながざね》の「中庸《ちゅうよう》」と題した言葉を紹介します。ここにも、孔子の「一つの信条」とするにふさわしい言葉が登場します。

勇力《ゆうりょく》の男児《だんじ》は勇力《ゆうりょく》に斃《たお》れ（腕力にたよる男児は腕力に倒れる）
文明《ぶんめい》の才子《さいし》は文明《ぶんめい》に酔《よ》う（知識にたよる知者は知識に酔う）
須《すべから》く君《きみ》に勧《すす》む（よって君に勧める）
中庸《ちゅうよう》を択《えら》び去《ゆ》くべし（中庸の道を行くべし）
天下《てんか》の万機《ばんき》は一誠《いっせい》に帰《き》す（世の全ての問題は一つの誠をもって決する）

元田翁は、腕力と知識のバランスをとることが大事だとしながらも、最後に

「天下の万機は一誠に帰す」

という有名な言葉で結んでいます。これは、たった一つの「誠実さ」が周りの人間関係から国の大事業まで全てを決する、ということを意味しています。それほどまでに誠実さは大事なカギを握ります。曾子の考えや、元田翁の言葉から見るに、「思いやり」や「誠実さ」は、孔子の「一つの信条」にかなり近いと思わ

れます。

私が、一九九七年に熊本で開催された「男子ハンドボール世界選手権大会」事務局に在籍《ざいせき》していたとき、県から出向《しゅっこう》されていた上司に、議会などでの難しい折衝《せっしょう》の際には、何を心掛けておられますか、とお尋ねすると、次のように答えられました。

「それは誠実一本だ」

「誠実一本」とは、まさに「一誠」でしょうか。なにか爽やかに一本とられた感じでした。

41 思いやりは人生を切り開く黄金《おうごん》の剣《つるぎ》

衛霊公《えいれいこう》編　第二十三章

子貢《しこう》問《と》いて曰《いわ》く、一言《いちげん》にして以《もっ》て身《み》を終《お》うるまで之《これ》を行《おこな》う可《べ》き者有《ものあ》りや。子曰《しいわ》く、其《そ》れ恕《じょ》か。（後略）

子貢が尋ねた。生涯を終えるまでに大切なものを一言で言うと何でしょうか。孔子が言った。それは恕（思いやり）であろうか。

＊＊

本章は、前章でも触れた孔子の座右《ざゆう》の銘《めい》とも言うべき信条を、今度は高弟の子貢が直接、孔子に尋ねたところです。実は、私はこの質問にワクワクしました。というのも、その一言とは、私が永年求めてきた「全ての物事の判断の基準を一言でいうと何か」という問いと、重なったからで、それは人生のあらゆる迷いを断ち切る「黄金の剣」に思えたからです。

果たして、孔子はそれを

「恕《じょ》」

と答えました。恕とは「心の如く」と書き、自分が自分を愛する心の如く相手を思いやること、つまり「思いやり」を意味します。私は「なるほど〝思いやり〟か」と、心深く感動し納得させられました。そこで、子貢が尋ねたように友人たちにも同じ質問をしました。すると、「愛」や「バランス感覚」など、いろいろあった中、H君が「それは思いやりじゃないですか」とズバリ答え、驚きました。孔子の感覚と同じです。理由を尋ねると、小さい時からいつも母親に「思いやりのある子になるようにと、言われて育ちましたから」ということで、二度びっくりです。お母さんは「論語」に通じられた方ではないかと推察しました。

私の前著『あしたへの論語』（二〇一七年・梓書院、全章を解説）は、帯文に作家の童門冬二《どうもんふゆじ》先生からお言葉や写真を頂いていますが、いつか先生をお訪ねしたときのことです。仕事場とされる部屋には驚くほどたくさんの本があり、先生が背にして座られた書棚の一冊に目を惹《ひ》かれました。もちろん先生ご自身の著書で、タイトルに『日本人の美しい心　恕』とあり、恕の一字が表紙の真ん中に大きくドーンと書かれていました。先生が論語に精通されておられるのは、いろんな機会を通して承知していましたが、今更ながら感動しました。

後日、さっそく拝読させて頂くと、上杉鷹山《うえすぎようざん》をはじめ十三人の武士の〝忍びざる（忍びない）心〟から発する温かい話が綴《つづ》られていて、そして、帯文には、

「幸福とは相手のことを思うこと。それが恕」

とあり、恕の神髄のなんたるかを知らされ、人間学に通じられた先生ならではの達観された言葉だと、早速、恕という「黄金の剣」に目が開かれました！

衛霊公編《えいれいこうへん》　第二十七章

42 真理真実は自分の目で確かめる

子曰《しいわ》く、衆《しゅう》、之《これ》を悪《にく》むも必《かなら》ず察《さっ》し、衆《しゅう》、之《これ》を好《よみ》するも必《かなら》ず察《さっ》す。

孔子が言った。大衆がその人を悪く評しても必ず自分の目で注意深く観察しなければならない。大衆がその人を良く評しても必ず自分の目で注意深く観察しなければならない。

＊＊

本章は、大衆必ずしも正しからざる時あり、他人の評価をうのみにせず、しっかりと自分の目で見極《みきわ》めなさいという話です。

熊本市職員時代の体験を紹介します。それは、仕事のお願いをしに、ある課長の所に行ったときのことです。その課長と私は同期でしたが、入庁以来、三十数年、一度もしゃべったことがありません。そればかりか、彼は体格が良く、どこか威張って無愛想《ぶあいそう》な感じに見えました。彼に対する良い評価も特に聞いたことがなかったので、実のところ私はあまり良い印象を持っていませんでした。彼も私のことを「こいつは横着《おうちゃく》なやつ」と思っていたかも知れません。

とはいうものの、頭を下げて頼みに行かなければならず、少々意を決して出向きました。そして、実はカクカクシカジカと話を始めたところ、意外や意外、話し振りは穏《おだ》やかで友好的。もっと意外だったのは笑った時の顔でした。眼が丸っこく優しさが顔全体ににじみ出ていて、なかなかの人格者と見ました。おかげで私も安心でき、話はトントン拍子で進みました。考えてみれば、私は彼のことを三十数年も見誤っていたことになります。この間、仮に私が彼の悪口を他人に言いでもしていたら……と思うと冷や汗もので、人間とは直接、会って話をしてみないと分からないと、つくづく反省した次第です。

歌人・安永蕗子先生は歌を詠むとき、

「しっかり見て下さい。目や耳などの五感を総動員し、よく観察してください」

としきりに言われていました。確かにしっかり集中して見れば、見えていなかったものが見えてきて、新発見に驚かされることがあります。そして、このことは、人間を評価したり物事の道理を見抜くことにも通じるようです。

あの時の優しい笑顔の同期の彼は今頃どうしているだろうか？　いつかまた、自分の目でしっかり確かめたいものです。今度は杯《はい》を交《か》わしながら（笑）。

良心が発する警告を真剣に受け止める

衛霊公《えいれいこう》編　第二十九章

43

子曰《しいわ》く、過《あやま》ちて改《あらた》めざる。是《これ》を過《あやま》ちと謂《い》う。

孔子が言った。自分のおかした過ちを改めようとしないのが本当の過ちだ。

＊＊

本章は「過ち」についてです。論語には「過ち」という言葉は全部で七章ほど出てきます。このことからすると「人間」とは時々過つ存在のようです。大事なところなので他章も紹介します。

「過ちをおかしたら改めるのをためらってはならない」（学而編・子罕編）
「門人の顔回《がんかい》は同じ過ちを二度としなかった」（雍也編）

「人はそれぞれその性質に沿った過ちをおかす。従って、その過ちを見ればその人の徳の備わり具合がわかる」（里仁編）
「小人は過ちをおかしたら必ず弁解する」（子張編）
「君子の過ちは日食や月食のようなものだ。おかした過ちを隠し立てせず皆にさらけだすが、いったんこれを改めると皆は尊敬の気持ちで見上げるようになる」（子張編）

されば、人間が過つのは時として仕方ないとしても、大事なことはその改め方にあり、多少の言い分があっても一切の弁解をせずきっぱりと非を認め、更には二度と繰り返さないのが君子のようです。

例にもれず私も過ちをおかします。中でも気になるのは自分の心の中に自然と湧く〝良心《りょうしん》〟に背《そむ》くという過ちです。

たとえば、日常の様々な出来事の中で、自分だけが得をしようとしたり、他人に良く見せようとしたりなど、不純・不徳な考えが浮かぶ時があります。そんなとき心の番人ともいえる良心が「それはおかしいのではないか！」と警告《けいこく》を発します。それを無視すると、天が見透かしたかのように天罰を下し、必ずと言っていいほど、ほどなく嫌な気持ちにさせられます。

現職のときこんなことがありました。ある若い人が外に出すお願い文を作って持って来ました。私も文章は上手な方ではありませんが、彼が慣れていないのは文面を見て解りました。それで一緒に推敲《すいこう》を始めました。人によっては自分の文章に手を入れられるのを嫌《きら》いますが、彼は素直に聞いてくれたのでスムーズに進みました。ところが、後半嫌《いや》な気持ちが湧いて来ました。それは「ちょっと時間をかけ過ぎ知ったかぶりをしているのじゃないか！」というような気持ちです。これが良心の警告でした。その時点で止《や》めとけば良かったのですが、この際、気になる箇所をと思って深入りした結果、最後は私が偉そうにふるまったような気まずい雰囲気になり、後で、ずいぶんと後悔《こうかい》することになりました。

それもこれも、途中で心に湧いた良心の警告に従わなかったことが原因ですが、天罰が下ると言うことは、逆に言えば、天が未《いま》だ自分を見離していない証《あかし》のようでもあり、有り難くも思えます。

ただ、この程度の過ちであればまだ救われますが、悪事に手を染めるというような場面ともなれば、事《こと》は重大です。他人が見ているかどうかにかかわらず、そんな時の良心からの大事な警告を無視すればどうなるか……考えただけでも恐ろしく……。クワバラクワバラです！

「良心」とはいったい何なのか？　どうして人間には良心が備わっているのか。どうして悪いことをしようとするとき、必ず心に浮かぶのか……不思議です。実は、私は最近この良心こそが、論語の心とされる「仁」に、たいへん近いのではと感じています。孔子は「里仁編」で

「仁に止まる限り悪いことが起こらず、その姿は美しい」

というようなことを言っています。されば、人生は良心を友とするかぎり、正しくおおらかに生きられるのかも知れません。天から見守られて！

44

君子は人の道を忘れない

衛霊公《えいれいこう》編　第三十一章

子《し》曰《いわ》く、君子《くんし》は道《みち》を謀《はか》りて食《しょく》を謀《はか》らず。耕《たがや》すときも、餒《う》え其《そ》の中《なか》に在《あ》り。学《まな》べば禄《ろく》其《そ》の中《なか》にあり。君子《くんし》は道《みち》を憂《うれ》えて貧《ひん》を憂《うれ》えず。

孔子が言った。君子は道を求めて食を求めない。食を求め耕作《こうさく》しても飢《う》えることがある。しかし、道を学べば道を得られるばかりでなく、思わぬところで俸禄《ほうろく》（食）を得たりもする。だから、君子は道を憂えても貧しきを憂うことはない。

＊＊

本章は「食《しょく》」より「道《みち》」を大切に生きなさいという話です。「道」とは何か？目には見えませんが、人間には人間として踏み行くべき人間らしい道筋があるようです。明治維新の英雄で、大君子とされる西郷隆盛《さいごうたかもり》にこんなエピソードがあります。

明治初期、同じく維新の立役者である大久保利通《おおくぼとしみち》や木戸孝允《きどたかよし》、大隈重信《おおくましげのぶ》らそうそうたるメンバーが、一堂に会し、これからの日本についてさまざまな論議をしていました。そんな時、昼になると決まって弁当が出されました。ただ弁当と言っても、みんな新政府の重職《じゅうしょく》なので大変なごちそうでした。皆は当然のようにそれに舌鼓《したつづみ》を打ちますが、ただひとり、西郷さんだけは持参した手弁当《てべんとう》を取り出します。それはなんとニギリメシとタクアンだけという粗末《そまつ》なものでした。でも、西郷さんはおいしそうに食べ、ほかの皆は横目になんともばつが悪そうにしていた……という話です。

なぜ、そんな粗末な弁当だったのでしょうか。西郷さんは、

「維新の戦いで死んで今は地下に眠る同志もいるのに、自分だけがのうのうと生き永らえて申し訳ない。ましてや、美食など考えられない」

という気持ちだったようです。西郷さんは論語にもよく通じ、本章のことも頭にあったので、日頃の生活は何から何まで質素でしたが、そんな貧しさを憂うでなく、むなしく散っていった同志の無念さを憂うことが「道」であると、感じていたのだと思われます。

東日本大震災のとき、上皇后《じょうこうごう》美智子さまが海を見ながら、亡くなられた方々に思いをはせ詠《よ》まれた、次の歌にも、人が人を偲《しの》ぶ情愛《じょうあい》の「道」が感じられ、ジーンときました。

「草《くさ》むらに白《しろ》き十字《じゅうじ》の花咲《はなさ》きて罪《つみ》なく人《ひと》の死《し》にし春逝《はるゆ》く」

45

正道に当たっては師にも譲《ゆず》らない

衛霊公《えいれいこう》編　第三十五章

子《し》曰《いわ》く、仁《じん》に當《あた》りては師《し》に譲《ゆず》らず。

孔子が言った。仁を行うに当たっては師にさえ譲る必要はない。

＊＊

本章は「仁」を貫くことの大切さを諭したところです。ただ師ともいうべき人に譲らないということには用心が必要だと思われます。たとえば、経験豊富な先《せん》達《だつ》の話を聞いているとき、「譲らず」とまではいかないまでも、「先生はそう言われますが、私はそうは思いません……」などと軽々《かるがる》しく反対意見でも言おうものなら「そうかい。じゃ～あんたの好きにすれば……」と、一気に青ざめるような

状態に陥りかねないからです。儒教では「譲る」ことは基本的に、

「謙譲《けんじょう》の美徳《びとく》」（他人に謙虚に譲ることは美徳である）

として人間関係の大切な潤滑油《じゅんかつゆ》となります。

いつかこんなことがありました。私が市役所のドアから出ようとすると、向こうから入って来る人がいましたが、ドアを開けて待っていると、その人は急ぎ足で駆け寄って来て「ありがとうございま～す」とニコニコ笑ってお礼を言われました。その感じがとても爽やかでちょっと良い気分になりました。そして、今度は帰って来て、逆に、私が同じドアから入ろうとしたとき、出ようとする人がいました。その人は少し距離があったにもかかわらず、私のためにドアを持ち待っています。私は小走りで駆け寄り「ありがとうございま～す」とお礼を言うと、その人はにっこり笑って去って行きました。たわいもない話ですが、偶然、同じ場所で同じことが起こり、その日は一日なんとも

嬉しい気持ちになりました。
「譲る」ことが大切であることを、百も承知の孔子が、本章であえて「譲らず」と言ったのは、それが「仁」という正道を通すときの話です。先達の話は基本的には黙って聞くべきですが、正道を通すべき大事な場面ともなれば、たとえ相手が師でも、自分の信念とするところを譲っていては、本当の真理探究ができず、また、道を間違えることにもなりかねません。
こういった話は身近な親子や、職場の上司部下の関係でもあることで、たとえ、親や上司といえども遠慮《えんりょ》して、正道や信念を曲げては人間社会が歪《ゆが》んでしまいます。孔子の流れをくむ孟子《もうし》（戦国時代の思想家）が次のように言っています。

「自分を振り返り正しければ千万人を敵にしても戦う」

千万人を敵にしてもとは大した精神で、自分が正しければこんな精神を持つな、と言われても譲れません！

勇気ある人たち

季子《きし》編　第九章

46

孔子《こうし》曰《いわ》く、生《うま》れながらにして之《これ》を知《し》る者《もの》は上《じょう》なり。学《まな》びて之《これ》を知《し》るものは次《つぎ》なり。困《くる》しみて之《これ》を学《まな》ぶは又《また》其《そ》の次《つぎ》なり。困《くる》しみて学《また》ばざるは民斯《たみこれ》を下《げ》と為《な》す。

孔子が言った。生れながらに徳を知る者は第一級である。学問により徳を知る者は第二級である。困難と出合い苦しんで徳を学ぶ者は第三級である。困難と出合い苦しんでも徳を学ばない者は最下級である。

＊＊

本章は、孔子が人を四段階に分けて、評価したところです。最初の「生れながらに徳を知る」ということから、私は儒教でいう、

「三徳《さんとく》」（知識・仁愛・勇気の三つの徳目）

の一つ、「勇気」という徳を備えた先輩のことを思い出します。

それは私が小学三年生の夏休みの頃の出来事です。私と双子の兄は、近所の二つ上の先輩・重実《しげみ》ちゃんに誘われ、近くの森へカブトムシを捕りに行くことになりました。その森の上の道からは、こわい人たちが下りて来るといううわさがありましたが、重美ちゃんは「だいじょうぶだよ」と言って私たちを連れ、森へ入って行きました。びくびくしながら進んで行くと、着いたところはまさにカブトムシやクワガタムシの宝庫でした。私たちは夢中でたくさんの虫を捕まえ意気揚々《いきようよう》と引き返しました。しかし、その時、上の道から男の人たちが一斉《いっせい》に下りて来ました。私と兄は一目散《いちもくさん》に逃げ、数十メートルほど走った時、兄が「重実ちゃんが捕まっている」と私を呼び止めました。振り返ると、男の人たちに取り囲まれていいます。私たちは「助けないかん！」と少しずつ近寄りましたが、何か様子が違います。重美ちゃんが笑顔で手招きして私たちを呼ぶので恐る恐るそばに行くと、なんと捕ったカブトムシを指さしながら、その知らない人たちに分け与えていました。私は事情がよく飲み込めなかったのですが、その時の先輩の勇気にあぜんとなったのを覚えています。

その人たちが、近くの福祉施設の言葉が不自由な人たちだったと知るのは後年になってからです。森は開発され住宅地となり、残念ながら先輩も若くして亡くなりましたが、大人になって弱気になろうとするたびに、あの幼き日のまぶしい光景が思い出されて「勇気」が湧いてきます。

孔子門人の第一人者とされながら、同じように早世《そうせい》した顔回《がんかい》の力強い言葉が先輩の行動と重なります。特に、最後の言葉には勇気が湧きます。

「舜《しゅん》（伝説の名王）何人《なんぴと》ぞや、我《われ》何人ぞや。為《な》すある者は亦《また》かくのごとし」

（舜がどれほどの名王だろうが、私も同じ人間だ。為すべきことがあるだけだ）

陽貨編《ようかへん》　第十九章

全力を尽くした人だけが天に委《ゆだ》ねられる

47

子曰《しいわ》く、予言《われい》うこと無《な》からんと欲《ほっ》す。子貢曰《しこういわ》く、子如《しも》し言《い》わずんば則《すなわ》ち小子何《しょうしなに》をか述《の》べん。子曰《しいわ》く、天何《てんなに》をか言《い》うや。四時行《しじおこ》なわれ百物生《ひゃくぶつしょう》ず。天何《てんなに》をか言《い》うや。

孔子が言った。私はもうあれこれ言うことをやめたいと思う。それを聞いた子貢が言った。もし先生が何も言われなければ私たち門人は何を言ったらいいでしょうか。孔子が言った。天は何を言うであろうか。されど四季はめぐり万物は生まれる。天は何を言うであろうか。

＊＊

本章は、天が黙《だま》って四季をめぐらし、万物を生じさせる姿に思いを致した孔子の言葉です。この心境になったのはいつだったのか。私には晩年のことではないかと思われます。

私は若い頃、退職を前にした故御厨《みくりや》一熊《かずくま》熊本市助役から、吉川英治《よしかわえいじ》の『親鸞《しんらん》』という本、全三巻をいただきました。そして、それぞれの巻に本章をはじめ、次のような論語の言葉が万年筆で丁寧に書かれていました。

第一巻「天何をか言うや。四時行なわれ百物生ず」

（天は何を言うであろうか。されど四季はめぐり万物は生まれる）

第二巻「仁遠《じんとお》からんや。我仁《われじん》を欲《ほっ》すれば斯《ここ》に仁至《じんいた》る」

（仁は遠いものだろうか。仁は自分が欲すればすぐにやって来る）

第三巻「逝《ゆ》く者《もの》は斯《か》くの如《ごと》きか。昼夜《ちゅうや》を舎《お》かず」

（ゆく者は川の流れのようなものであろうか。夜昼止《や》むことが無い）

おそらく御厨助役が当時の心境で選ばれた言葉だと思われますが、これらから推測するに、

「自分はいかなるときも仁を離れず、熊本市の発展に真剣に取り組んで来た。今、市政を去りゆくが、志ある後輩諸氏が続いてくれることを、四季をめぐらせ万物を育ててやまない天に、委《ゆだ》ねたい」

というようなお気持ちではなかったかと思われます。

『親鸞』を読むと、多くの人が地位や名誉やお金などさまざまな欲望に流されてしまうこと、また、かかる同じような煩悩《ぼんのう》が修行僧である自分にすらまとわりつこうとする。そのことに親鸞聖人が苦悩するという内容で、難しい市政の舵取《かじと》

りに苦労されたであろう御厨助役の半生と重なるものがありました。
本章の孔子の言葉は、自らの使命に人事の全てを尽くし、やるだけやった人だけが天に委《ゆだ》ねることができる、後人への期待、いや〝祈り〟を表した言葉だったのではないかと思われます。最後に、御厨助役が言われた一言が心に深く残っています。

「本当にゆっくり酒を飲んだことが無い」

陽貨編《ようかへん》　第二十章

吉田松陰《よしだしょういん》先生の若者育成術《いくせいじゅつ》

48

孺悲《じゅひ》、孔子《こうし》を見《み》んと欲《ほっ》す。孔子《こうし》辞《じ》するに疾《やまい》を以《もっ》てす。命《めい》を将《おこな》う者《もの》戸《と》を出《い》づ。瑟《しつ》を取《と》りて歌《うた》い、之《これ》をして之《これ》を聞《き》かしむ。

孺悲（門人）が自分の犯した過ちをわびようと孔子に会いに来た。しかし、孔子は病気を理由に会うのを断った。それで、孺悲は取次ぎに伴われて玄関から出た。すると、孔子は瑟（琴のような楽器）を取り出して孺悲に聞こえるように普通に歌い、病気でないことを暗に伝えた。

＊＊

本章は、孔子がみえみえの仮病《けびょう》を使って門人と会わなかった話です。ここには人を育てる秘訣が隠されていそうです。

その秘訣とは、高杉晋作《たかすぎしんさく》や久坂玄瑞《くさかげんずい》、桂小五郎《かつらこごろう》、伊藤博文《いとうひろぶみ》ら、多くの志士を育て、明治維新を成し遂げた松下村塾《しょうかそんじゅく》の塾長・吉田松陰《よしだしょういん》先生の育成術に通じます。

松陰先生の言葉に「諸生《しょせい》に示す」との一文があり、要約すると次の通りです。


僕は大和《やまと》の谷三山《たにさんざん》翁を訪ねた。翁が「私にとって嬉しいことは門人たちが互いに敬愛《けいあい》しあい、兄弟のように仲よくしていることだ」と言ったのを聞いて、実に羨《うらや》ましかった。それで、松下村塾においても、諸君《しょくん》たちは互いに切磋琢磨《せっさたくま》しなければならないが、講義や協同作業においては規律を設けず、会話には滑稽《こっけい》さや笑いがあるようにしたいと思う。諸君は皆この方針に従って、誰かが病気をしたり困ったりした時は共に助け合い、まさに一心同体、家族同様であってほしい。要するに、事に効果を上げるには、互いに心を通わせることが大切で、細々した礼法や規律はそれに遠く及ばない。これが僕の目指すところである。

松陰先生は若者の育成には明るく温かい「雰囲気」が大事だと言っておられます。孔子は会わないことで孺悲を反省させようとしましたが、孟子は、このように直接には教えずにおいて、自らに悟《さと》らせるような教え方を「いさぎよしとせざる教え」と言っています。この教育法が効果を成すのも、そもそも孔子の門下に松下村塾のような明るい雰囲気があったからこそと思われます。

別章に孔子が笑いながら「小さな鶏《にわとり》をさばくのに大きな牛刀《ぎゅうとう》はいらんな〜」とジョークを飛ばすところが出てきます。日本の有名な漢文学者・白川静《しらかわしずか》さんも「孔子は面白い人でやんちゃなところがあった。孔子を君子人の塊《かたまり》やなんて思うたら大間違いや」と、評しておられます。

孺悲は師が仮病を使ってまで会わなかったことで、自らを深く反省し、後年は、孔子から祭事における重要な儀式作法を伝えられるほど、優秀な人へと成長していきます。

陽貨《ようか》編　第二十二章

心は放っておけば怠《なま》け者になる

子曰《しいわ》く、飽食《ほうしょく》終日《しゅうじつ》、心《こころ》を用《もち》うる所無《ところな》きは難《かた》いかな。博奕《ばくえき》なる者有《ものあ》らずや。之《これ》を為《な》すも猶已《なおや》むに賢《まさ》れり。

孔子が言った。一日中たらふく食べるばかりで心を用いない者は助けがたい。世間には博打《ばくち》のような遊戯《ゆうぎ》もあり、何もしないよりはこれでもやっている方がましである。

＊＊

本章は「心を用いない者は助けがたい」という話です。近年、話題の人工知能（AI）を使ったロボットと、人間とを比べれば、そもそも人間には心があるということ、またその働きが複雑であるということに違いがあるようです。では、心を

49

用いるとはどういうことでしょうか。

二人の先達《せんだつ》が鋭い指摘をされています。まず、上座《じょうざ》仏教のアルボムッレ・スマナサーラ長老が次のように言っています。

「心はいつも楽なことを選びます。心は慣れているもの、クセになっているもの、簡単に行えるものを先に選ぶのです……それは怠け心のためです」

確かに、心は怠け者なところがあり、放っておけば「飽食終日」になりそうです。次に近代の、実践的大思想家・中村天風《なかむらてんぷう》翁の「心に使われてはならない」と題した言葉を見てみましょう。

「あなたがたは、心が自分の支配権を持っていると考え違いしていないかい。そうじゃなく、心は使うもので使われるもんじゃないんだよ。これを忘れちゃだめだぜ。心に使われたら最後、心配や、煩悶《はんもん》や、悲観や、怒りや、神経過敏《かびん》だとか、ノイローゼだとか、それじゃ人生、地獄だ……心に自己の支配権はない。自己の支配権は自己にある」

お二人の貴重なアドバイスによれば、本章で孔子が言う「心を用いる」とは、元来の怠け者である心を制することにありそうです。

今、メジャーリーグで大活躍中の大谷翔平《おおたにしょうへい》選手や、当時ドラフト一位指名を受けた中日ドラゴンズの根尾昂《ねおあきら》選手は読書家として知られ、渋沢栄一著「論語《ろんご》と算盤《そろばん》」や中村天風著「運命《うんめい》を拓《ひら》く」などを愛読していると聞きました。二人は勝負にあたり「文武両道《ぶんぶりょうどう》」の二刀流の観点で、心の制し方を学んでいるのかも知れません。そんな人こそ、大きく成長しそうです。

陽貨編　第二十三章

50 義に生きる男の美学

子路《しろ》曰《いわ》く、君子《くんし》は勇《ゆう》を尚《たっと》ぶか。子《し》曰《いわ》く、君子《くんし》は義《ぎ》を以《もっ》て上《じょう》と為《な》す。君子《くんし》、勇《ゆう》有《あ》りて義《ぎ》無《な》ければ乱《らん》を為《な》す。小人《しょうにん》、勇《ゆう》有《あ》りて義《ぎ》無《な》ければ盗《とう》を為《な》す。

子路が君子は勇気を貴びますかと尋ねた。孔子は君子は義を最上とする。君子に勇気があって義がなければ反乱をなす。小人に勇気があって義がなければ盗《ぬす》みをすると答えた。

＊＊

本章は、勇気には「義」を伴うべきだという話です。義とは何か。辞書には正義、信義、道義、義理など良い意味を持つ熟語がたくさんあり、何か一本筋の通ったものを感じます。

いつだったか、この「義」の一文字にピッタリきそうな人を、NHKの「プロフェッショナル」というテレビ番組で見て魅《み》せられました。映画俳優の故高倉健《たかくらけん》さんです。めったにテレビには出ず、ハリウッド映画からの度《たび》重なる出演依頼も断り、それでいて文化勲章を受章されています。飾らない朴訥《ぼくとつ》な話し振りからは、日本の古き良き精神が失われつつあることを憂いながら、ひとり日本人であることに誇りを持ち続け、映画を通して「日本人の生きざまとはこうなんだ」と、語りかけるような情熱が伝わってきました。

さらに引き込まれたのは、健さんが、インタビューで「人間の価値はどこにあると思われますか」というようなことを問われた時です。健さんは、

「それは生き方にあるんじゃないですか」

と即答《そくとう》しました。その「生き方」という言葉に、地位や名誉やお金などに流さ

れず、日本人としての義を貫いてきた「男の美学」を感じました。

論語には「義」という言葉は何度も登場し、それほどまでに君子にとっては大事な必要条件となっています。本章でも、勇気だけを誇る子路に対し、孔子は「君子に勇気があって義がなければ反乱をなし、小人に勇気があって義がなければ盗みをなす」と面白い譬《たと》えをし、君子はもちろんのこと小人にとっても、義は己を律し、人に道を示してくれる大事な精神だと諭《さと》しています。

健さんは映画の撮影《さつえい》の合間にも、周りの若いスタッフへ感謝の気持ちを込め気さくに声をかけていましたが、番組の終りで、ロケ地で知り合った地元の少年に、親しげに呼び掛けたひと言が、温かく印象的でした。

「おい、義兄弟《きょうだい》！」

微子編《びし》 第十章

リーダーは自惚《うぬぼ》れてはならない

周公《しゅうこう》、魯公《ろうこう》に謂《い》いて曰《いわ》く、君子《くんし》は其《そ》の親《しん》を施《す》てず。大臣《たいしん》をして以《もち》いられざるを怨《うら》ましめず、故旧《こきゅう》は大故《たいこ》無《な》ければ則《すなわ》ち棄《す》てず。備《そな》わらんことを一人《いちにん》に求《もと》むること無《な》し。

周公旦《しゅうこうたん》が息子である魯国の君主、伯禽《はくきん》に向かって諭した。君子は身内を見《み》棄《す》ててはならない。重臣は思うように用いることが出来なくても、それを怨みに思わせてはならない。昔からの知人には大きな過失がないかぎり見棄ててはならない。一人の者に全てのことを求めてはならない。

＊＊

本章は、周公旦が魯国の政治を息子の伯禽に任せ、国の統治で大事な四つのこ

51

とを教えているところです。周公旦は孔子が夢に見るほど、また夢に見たいと思うほど尊敬してやまなかった人（述而五章・P66）ですが、ここではなぜ、国の体制、法律、軍備、食糧などの重要政策ではなく、身内や知人のことなど一見、小さくも思えることを伝えたのか。ヒントになりそうなことを、国際連盟事務次長を務めた新渡戸稲造《にとべいなぞう》が言っています。

「注意しなければならないのは慢心《まんしん》（うぬぼれ）である。少し学問をすれば友だちが無学に見え、少し上司に見込まれると同僚《どうりょう》が愚かな者に見え、少し自分が進歩したと思うと他人は時代遅れのように見え、少し修養を積めば世の中が醜《みにく》い争いの場のように見え、少し油断をしている間に心が高ぶって自惚《うぬぼ》れが強くなる」

確かに人間は少し偉くなると、うぬぼれて他人を見下しがちです。それが一国の王ともなればなおさらです。国の体制や法律なども大事ですが、それを運用するのはしょせん人で、その長たる王がうぬぼれて近親者に対してさえ冷たくあた

るようでは足元から崩れます。改めて振り返ると、周公旦が言ったのは、

「身内を見棄《みす》てない」
「重臣の怨みを買わない」
「昔からの知人を見棄てない」
「一人に全てを求めない」

の四つで、いずれの言葉にも人を大切にする温かみが感じられます。

伯禽はこの教えをよく守り善政《ぜんせい》を行い、魯国は八百年の永きにわたり存続します。王たるリーダーがうぬぼれ心を捨て、人を大切にすることがいかに大事か、歴史が証明しているようです。

52 トップの信用は自ら前線に立つことで

子張《しちょう》編　第十章

子夏《しか》曰《いわ》く、君子《くんし》は、信《しん》ぜられて而《しか》る後《のち》に其《そ》の民《たみ》を労《ろう》す。未《いま》だ信《しん》ぜられざれば、則《すなわ》ち以《もっ》て己《おのれ》を厲《や》ましむと為《な》す。信《しん》ぜられて而《しか》る後《のち》に諫《いさ》む。未《いま》だ信《しん》ぜられざれば則《すなわ》ち以《もっ》て己《おのれ》を謗《そし》ると為《な》す。

子夏が言った。君子は、民の信用を得てから仕事を命じる。そうでなければ民は苦しめられていると怨《うら》む。また、君子は、君主の信用を得てから忠言する。そうでなければ君主はけなされていると遠ざけるであろう。

＊＊

本章は、君子の、部下や上司に対する接し方の話ですが、私たちの職場にも通じるものがありそうです。つまり「信用」を欠けば、部下には「うらまれ」、上司には「けなされていると思われ」不穏《ふおん》な状況になり、信用を得ることがいかに大事かということです。

上司が部下から信用を得るという話から、私は熊本市職員時代に仕えた故園田《そのだ》利徳《としのり》課長を思い出します。不思議な人徳があり、職員みんなから好かれ、課は良くまとまり明るい雰囲気でした。仕事は中小企業向けの融資《ゆうし》相談で、相談者の中には高圧的な人、一筋縄ではいかない人がいました。しかし、そんなとき課長に応援を求めると、課長はいつも「待ってました！」とばかりにすぐに腰を上げました。その前向きな姿勢は、こちらが応援を求めずとも、いつの間にか後ろに来ているということもあり、部下としては大変に心強いものでした。仕事に対する覚悟《かくご》を決められていたのでしょうが、全く逃げ腰なところが無く、また、部下に経験を積ませようなどと高くとまったところもありませんでした。

相談者に対しても相手の側に立って一緒に良策を考えるという温かい接し方でしたので、少し話をしただけで相談者からも信用を得て、まずもめるということがありませんでした。このトップ自らが切り込み隊長としていつでも最前線に立つという半身の姿勢や、相談者への温かい応対が部下からの信頼につながったと思われます。そのため課長が仕事をしようものなら、誰からともなく「課長は何にもしなくて良いです。仕事は私たちがします。課長は座って今夜の飲み会の段取りだけを考えていて下さい」などと冗談が飛び出していたほどです。普通に考えれば、上司は部下を命令で動かせるはずですが、やはり命令だけでは信用が得られず心が通いません。部下は言われたことしかしない「指示待《しじま》ち族《ぞく》」や「イエスマン」になってしまい良い仕事にはなりません。

漢学者・諸橋轍次先生は、

「徳で動かす王道《おうどう》の効果の偉大さは、力で動かす覇道《はどう》の比ではない」

と言っておられ、温かい「王道（泰伯十九章・P83）」と冷たい「覇道」とでは比較にならないほどの開きがあります。

リーダー自らが率先して仕事に取り組み、周りの人に温かく接する姿に、部下は心打たれ上司を「信用」し、課の雰囲気も良くなり、飲み会も増えるのではないでしょうか（笑）。

当時はみんな和気あいあいで、朝からの出勤が楽しかったことを思い出します。

子張《しちょう》編　第十三章

学問の真の目的は強い人になるため

53

子夏曰《しかいわ》く、仕《つか》えて優《ゆう》なれば則《すなわ》ち学《まな》ぶ。学《まな》びて優《ゆう》なれば則《すなわ》ち仕《つか》う。

子夏が言った。仕事をして余裕があれば学問に励みなさい。学問をして余裕ができたら仕事に就《つ》きなさい。

＊＊

本章は、前文と後文を入れ替えたほうが分かりやすいかもしれませんが、要するに、「学問を仕事に役立てなさい」という話です。学問は確かに大事ですが、私の場合、学問とは学生時代にするもので、社会人になれば仕事に専念するのが当然と考えていました。実際、仕事に就くと、学問は特にしなくても困りませんでした。まして、「論語」など古代話《こだいばなし》で現代には通用しない読み物と思い込んでいました。

しかし、ある時、月刊誌『致知《ちち》』の中で、東洋の大哲人・安岡正篤《やすおかまさひろ》翁がこう言っておられるのを見つけました。

「学問は決して出世や生活のための手段ではない。窮《きゅう》して悲鳴をあげたり、心配事のために直《す》ぐぺしゃんこになるようでは学とは言えない」

この言葉が心にビリビリ響きました。学問は人が強くなるため、人間関係などで悩まされないためにある。そうなると話が違います。そこは大事なところです。

さらに読み進めると、

「学問は現実から遊離《ゆうり》したものでは駄目《だめ》であって、自分の身につけて、足が地を離れぬように、その学問その思想をもって自分の性格を作り、これを自分の環境に及ぼしてゆくという実践性がなければ活学《かつがく》ではない。……我々は活学をやらなければならない」

とありました。

つまり、「学問」とは、単に、試験に合格したり知識を増やしたりするためだけの学問に止まらず、仕事や実生活における人間関係や生き方に、実践として役立つような学問、つまり「活学」がより大事なようです。

言われてみれば、現代人の多くは確かに「活学」をする機会が少なく、悩みを抱えることが多いのは当然と言えそうです。

「論語」は、これまでもみてきたとおり、人間としての真価を問われる場面や、時には、生死を分けるような窮地に立たされた先人たちが、私たちに残した「人生問題解決実践書」です。

論語に学べば、窮して悲鳴をあげない強い人になれそうです！

子張《しちょう》編　第十六章

54 日々シンデンを耕すことが大事だ

曾子《そうし》曰《いわ》く、堂堂《どうどう》たるかな張《ちょう》や、与《とも》に並《なら》びて仁《じん》を為《な》し難《がた》し。

曾子が言った。吾が友、子張は堂々たる人である。しかし、共に手を携《たずさ》えて仁を成すまではない。

＊＊

本章は、門人の曾子が同門の子張を評したところです。なぜ曾子は子張を仁者と認めなかったのか。子張はいつも堂々としていましたが、それが裏目に出て、他人に自分を良く見せようとする「私欲」があったから……というのがその理由です。

私欲と言えば、私が若い頃、M先輩から投げ掛けられた問いが思い出されます。

それは、

「シンデンを耕《たがや》すのシンデンは、漢字でどう書くか」

というものでした。私は「新田」ではと答え、もう一人は「神田」と返しました。先輩は
「いやどちらも違う。〝心田〟と書く。いつの間にか心の田んぼに生える私欲という草を、一本一本取り去ることが大事だ」

と教えられました。残念ながら、私はそのときはあまりピンとこず、深意を知るのは後年で、二宮尊徳翁《にのみやそんとく》の言葉に次のようにありました。

「人道を修めるうえで大事なことは『己に克《か》つ』という教えにある。己とは私

欲を言う。私欲は田畑に喩《たと》えれば草である。克つとは、この心の田畑に生える草を取り去ることである。これは論語にあるとおりである」

先輩はこの話を知っておられたのだと恐れ入りました。元来、人間の心には、子張のように他人に自分を良く見せたいという欲だけでなく、金銭欲、物欲、独占欲など様々な欲がありますが、そんな欲にしばられない、仁者、熊本県荒尾《あらお》市出身の仏教詩人・坂村真民《さかむらしんみん》翁の、大変に心強い詩を紹介します。

「しばられない」

国家にもしばられない
金力にもしばられない
権力にもしばられない

愛にもしばられない
憎しみにもしばられない
地位名誉にもしばられない
そういう人間でありたい

こんなふうに「欲」に振り回されず、清らかで、力強く、自由に、生きたいものです。毎日、庭の草取りだけでなく心田の草取りをしながら。

堯曰編《ぎょうえつへん》 第三章

すばらしき太陽の徳

子曰《しいわ》く、
命《めい》を知《し》らざれば以《もっ》て君子為《くんした》ること無《な》し。
礼《れい》を知《し》らざれば以《もっ》て立《た》つこと無《な》し。
言《げん》を知《し》らざれば以《もっ》て人《ひと》を知《し》ること無《な》し。

孔子が言った。
天命を知らなければ君子とは言えない。
礼儀をわきまえなければ世の中で立っていることすら出来ない。
言葉の真意を見抜けなければ人を知ることが出来ない。

55

＊＊

論語の最終章には、君子の条件ともいえる三つのことが書かれています。識者によれば、論語は、最初の学而《がくじ》第一章と、最後の尭曰《ぎょうえつ》第三章とをもって終始一貫《しゅうしいっかん》をなすとされます。両章に共通する言葉は「君子」です。君子は、初章には「他人の批評を気にしない」、終章には「天命を知る」とあります。やはり、君子とは大きな心を持った人のようです。最後に、君子について考察します。

辞書には「学徳のあるりっぱな人」とあります。学徳とは「学業」と「徳業」の二つを指し、人徳を磨く徳業の方がより大事なのはこれまで見てきたとおりです。では「徳」とはいかなるものか？ これも辞書で調べると、左のギョウニンベンは「行く」、右側のツクリの上は「直」で、下は「心」を表し、意味には「正しい品性」と出ています。ここから「直《すなお》な心」で行くことが徳という正しい品性を持つために重要であると推察されます。また、徳は「人間力《にんげんりょく》」とも表されますので、平たく言えば深い人間性や人望を指すと思われます。

見渡せば、近年こんな徳を感じさせる君子が、あまり見られないのが残念ですが、孔子はというと、君子の上を行く「聖人」と評され、子張編では、高弟の子貢が孔子を太陽に譬《たと》えて、次のように尊敬しています。

「孔子先生は太陽や月のようなもので誰一人として越えることは出来ない。皆が仮に絶交《ぜっこう》を申し込んだとしても、これまた出来るものではなく、その光たるや万人に分け隔てなく降り注がれる」

前章で登場した、日本の大君子として知られる二宮尊徳翁《にのみやそんとく》も、太陽は万物に光をあてて育《はぐく》み、五穀豊穣《ごこくほうじょう》をもたらすもので、

「是《これ》、太陽の大徳なり」

と評しています。古来、君子や聖人とされる人たちは「自然」を生き方の師とし、とりわけ太陽はその最上とされました。最後の最後に、孔子が譬えられた太

陽の徳からイメージされるものを挙げてみます。

あかるい
あたたかい
でっかい
不言実行《ふげんじっこう》
見返りを求めない
遠くから見守っている
何者にも影響を受けない
東から西へと運行が一定
地球上の万物を育て公平平等
未来へ未来へと前進しつづける

こんな〝おおらか〟な君子を目指したいものです！

おわりに

「仁」とは何か。「論語」の心とも思える「仁」を一言でいえば何になるのか。これは、私が今まで「論語」を友として生きるなかで、永遠の命題《めいだい》となっていました。万物愛、真心《まごころ》、思いやり、良心、無欲さ、温かさ……など、実に様々な言葉が脳裏《のうり》に浮かび、今度こそは言い当てているのではと、何度も何度も思い至りましたが、しばらくすると、どこか少し違うのではと感じていました。

そのような中、このたび本書を出版するにあたり、ふっとあることに気付きました。それは、「論語」はどこの章を開いても不思議と心に響くものがあり、読むほどに自信が湧いて来て、気持ちが澄みわたった青空のように寛大でおおらかになることとです。おそらくこの思いはこれから先も変わることなく、となれば、仁とはこんな「おおらかな心」をいうような気がします。

本書は、私が二〇一八年十月から約一年間にわたり、西日本新聞（熊本県版）に「サラリーマン流　おおらかな論語」と題して、連載をさせて頂いたのを機会に、前著『あしたへの論語』（二〇一七年一月出版・全章解説）の、要約版として執筆したものです。

本書が読まれる方の生き方や人間関係に少しでもヒントとなり、お役に立つことができればありがたき幸せです。

出版にあたり、作家の童門冬二《どうもんふゆじ》先生はじめ関係各位のみなさまに格段のご支援を賜《たまわ》り、心より厚く感謝と御礼を申し上げます。

二〇二一年　四月

《引用文献一覧》

月刊『致知』（致知出版社）
諸橋轍次『論語の講義』（大修館書店）
諸橋轍次『老子の講義』（大修館書店）
岬龍一郎『武士道』（PHP研究所）
佐藤一斎著、久須本文雄 翻訳『言志四録』（講談社）
竹村亞希子編『「易経」一日一言』（致知出版社）
中江彰編『中江藤樹一日一言』（致知出版社）
寺田一清編『二宮尊徳一日一言』（致知出版社）
坂村真民『坂村真民一日一言』（致知出版社）
安岡正泰 監修『安岡正篤一日一言』（致知出版社）
川口雅昭 編『吉田松陰一日一言』（致知出版社）
渡邉五郎三郎『佐藤一斎一日一言』（致知出版社）

英訳 ウィリアム・スコット・ウィルソン、現代語訳 松本道弘『対訳　五輪書』（講談社）
村山孚『【新訳】十八史略』（PHP研究所）
林房雄『大西郷遺訓』（新人物往来社）
『西郷南洲先生遺訓』（西郷南洲百年記念顕彰会）
竹内弘行『孝経』（タチバナ教養文庫）
天風会 編『中村天風一日一話』（PHP研究所）
アルボムッレ・スマナサーラ『ブッダの教え一日一話』（PHP研究所）

日本の代表的歌人・安永蕗子先生にも
師事した著者が贈る、あしたへの活力！

人生いかに生きるべきか、お金のためか、地位のためか、有名になるためか、いや、どうもそういうものではないようだ…そんな気持ちが心の奥底に渦巻くとき、私は、尊敬してやまない歌人で、論語にも精通された故安永蕗子先生による論語の講義を一年間にわたり聞く機会を得ました（中略）先生は第一編の「学而」第一章で次のような話をされました。「学びて時に之を習う、亦、説（よろこば）しからずや。朋、遠方自（よ）り来たる有り、亦、楽しからずや」ここまでは皆さんもご存知のとおりです。問題は次の言葉です。「人知らずして慍（いきどお）らず、亦、君子ならずや」君子は自分の名が世に知られないからと言って、慍らず、つまり、不満に思ったりしません。人間にとって本当に大切なこと、それは〝何になるかではなくどう生きるか〟です。（はじめにより）

【本書の特徴】
- 全編に訳文、意訳文、著者の解説を一挙掲載
- 孔子のほか、吉田松陰や安岡正篤など、数多くの賢者たちの至言・格言も掲載
- 日常に即した内容で、今日からでも論語の学びを実践できる
- 飾らない文体で、一日一日、論語を肩肘張らずに読み進められる
- 悩みまた迷う著者の姿やエピソードに共感しつつ論語を学べる

【著　者】
松﨑　昇（まつざき・のぼる）

昭和 29 年 2 月熊本県に生まれる。京都外国語大学卒業。昭和 53 年熊本市役所入庁。平成 16 年に熊本市名誉市民・安永蕗子先生の論語講座を受講。以後、先生に師事し本格的に論語の研究をはじめる。
平成 26 年熊本市役所退職。平成 29 年『あしたへの論語』（梓書院）を出版。
現在は熊本市国際交流会館、ＮＨＫカルチャーセンター、熊日生涯学習プラザ、熊本市花園公民館などで論語講師をつとめる。家族は、妻と娘とネコ。愛読書は『論語』と月刊誌『致知』。血液型は AB 型。
好きな言葉は、四海兄弟（みんな地球の仲間）・ケセラセラ。

おおらかな論語《ろんご》　最高《さいこう》の書《しょ》に学《まな》ぶ 55 の教《おし》え

令和 3 年 5 月 31 日 初版発行
令和 5 年 2 月 28 日 2 刷発行

著　者　松﨑　昇
発行者　田村志朗
発行所　㈱梓書院
〒 812-0044 福岡市博多区千代 3-2-1 麻生ハウス 3F
tel 092-643-7075　fax 092-643-7095

印刷製本　亜細亜印刷㈱

ISBN978-4-87035-715-0